講談社選書メチエ

735

手の倫理

伊藤亜紗

MÉTIER

序

日本語には、触覚に関する二つの動詞があります。

① さわる
② ふれる

英語にするとどちらも「touch」ですが、それぞれ微妙にニュアンスが異なっています。

たとえば、怪我をした場面を考えてみましょう。傷口に「さわる」というと、何だか痛そうな感じがします。さわってほしくなくて、思わず患部を引っ込めたくなる。

では、「ふれる」だとどうでしょうか。傷口に「ふれる」というと、状態をみたり、薬をつけたり、さすったり、そっと手当てをしてもらえそうなイメージを持ちます。痛いかもしれないけど、ちょっと我慢してみようかなという気になる。

虫や動物を前にした場合はどうでしょうか。「怖くてさわれない」とは言いますが、「怖くてふれられない」とは言いません。物に対する触覚も同じです。スライムや布地の質感を確かめてほしいとき、私たちは「さわってごらん」と言うのであって、「ふれてごらん」とは言いません。
不可解なのは、気体の場合です。部屋の中の目に見えない空気を、「さわる」ことは基本的にできません。ところが窓をあけて空気を入れ替えると、冷たい外の空気に「ふれる」ことはできるのです。

抽象的な触覚もあります。会議などで特定の話題に言及することは「ふれる」ですが、すべてを話すわけではない場合には、「さわりだけ」になります。あるいは怒りの感情はどうでしょう。「逆鱗にふれる」というと怒りを爆発させるイメージがありますが、「神経にさわる」というと必ずしも怒りを外に出さず、イライラと腹立たしく思っている状態を指します。

つまり私たちは、「さわる」と「ふれる」という二つの触覚に関する動詞を、状況に応じて、無意識に使い分けているのです。もちろん曖昧な部分もたくさんあります。「さわる」と「ふれる」の両方が使える場合もあるでしょう。けれども、そこに私たちは微妙な意味の違いを感じとっている。同じ触覚なのに、いくつかの種類があるのです。

哲学の立場からこの違いに注目したのが、坂部恵です。坂部は、その違いをこんなふうに論じています。

> 愛する人の体にふれることと、単にたとえば電車のなかで痴漢が見ず知らずの異性の体にさわることとは、いうまでもなく同じ位相における体験ないし行動ではない。

> 一言でいえば、ふれるという体験にある相互嵌入の契機、ふれることは直ちにふれ合うことに通じるという相互性の契機、あるいはまたふれるということが、いわば自己を超えてあふれ出て、他者のいのちにふれ合い、参入するという契機が、さわるということの場合には抜け落ちて、ここでは内－外、自－他、受動－能動、一言でいってさわるものとさわられるものの区別がはっきりしてくるのである[1]。

「ふれる」が相互的であるのに対し、「さわる」は一方的である。ひとことで言えば、これが坂部の主張です。

言い換えれば、「ふれる」は人間的なかかわり、「さわる」は物的なかかわり、ということになるでしょう。そこにいのちをいつくしむような人間的なかかわりがある場合には、それは「ふれる」であり、おのずと「ふれ合い」に通じていきます。逆に、物としての特徴や性質を確認したり、味わったりするときには、そこには相互性は生まれず、ただの「さわる」にとどまります。

重要なのは、相手が人間だからといって、必ずしもかかわりが人間的であるとは限らない、ということです。坂部があげている痴漢の例のように、相手の同意がないにもかかわらず、つまり相手を物として扱って、ただ自分の欲望を満足させるために一方的に行為におよぶのは、「さわる」であると言わなければなりません。傷口に「さわる」のが痛そうなのは、それが一方的で、さわられる側の心情を無視しているように感じられるからです。そこには「ふれる」のような相互性、つまり相手の痛みをおもんぱかるような配慮はありません。

もっとも、人間の体を「さわる」こと、つまり物のように扱うことが、必ずしも「悪」とも限りません。たとえば医師が患者の体を触診する場合。お腹の張り具合を調べたり、しこりの状態を確認したりする場合には、「さわる」と言うほうが自然です。触診は、医師の専門的な知識を前提とした触覚です。ある意味で、医師は患者の体を科学の対象として見ている。この態度表明が「さわる」であると考えられます。

同じように、相手が人間でないからといって、必ずしもかかわりが非人間的であるとは限りません。物であったとしても、それが一点物のうつわで、作り手に思いを馳せながら、あるいは壊れないように気をつけながら、いつくしむようにかかわるのは「ふれる」です。では「外の空気にふれる」はどうでしょう。対象が気体である場合には、ふれようとするこちらの意志だけでなく、実際に流れ込んでくるという気体側のアプローチが必要です。この出会いの相互性が「ふれる」という言葉の使用を引き寄せていると考えられます。

人間を物のように「さわる」こともできるし、物に人間のように「ふれる」こともできる。このことが示しているのは、「ふれる」は容易に「さわる」に転じうるし、逆に「さわる」のつもりだったものが「ふれる」になることもある、ということです。

相手が人間である場合には、この違いは非常に大きな意味を持ちます。たとえば、障害や病気とともに生きる人、あるいはお年寄りの体にかかわるとき。冒頭に出した傷に「ふれる」はよいが「さわる」は痛い、という例は、より一般的な言い方をすれば「ケアとは何か」という問題に直結します。ケアの場面で、「ふれて」ほしいときに「さわら」れたら、勝手に自分の領域に入られたような暴力性を感じるでしょう。逆に触診のように「さわる」が想定される場面で過剰に「ふれる」が入ってきたら、その感情的な湿度のようなものに不快感を覚えるかもしれません。ケアの場面において、「ふれる」と「さわる」を混同することは、相手に大きな苦痛を与えることになりかねないのです。

あらためて気づかされるのは、私たちがいかに、接触面のほんのわずかな力加減、波打ち、リズム等のうちに、相手の自分に対する「態度」を読み取っているか、ということです。相手は自分のことをどう思っているのか。あるいは、どうしようとしているのか。「さわる」「ふれる」はあくまで入り口であって、そこから「つかむ」「なでる」「ひっぱる」「もちあげる」など、さまざまな接触的動作に移行することもあるでしょう。こうしたことすべてをひっくるめて、接触面には「人間関係」があります。

この接触面の人間関係は、ケアの場面はもちろんのこと、子育て、教育、性愛、スポーツ、看取りなど、人生の重要な局面で、私たちが出会うことになる人間関係です。そこで経験する人間関係、つまりさわり方／ふれ方は、その人の幸福感にダイレクトに影響を与えるでしょう。

「よき生き方」ならぬ「よきさわり方／ふれ方」とは何なのか。触覚の最大のポイントは、それが親密さにも、暴力にも通じているということです。人が人の体にさわる／ふれるとき、そこにはどのような緊張や信頼、あるいは交渉や譲歩が交わされているのか。つまり触覚の倫理とは何なのか。

触覚を担うのは手だけではありませんが、人間関係という意味で主要な役割を果たすのはやはり手です。さまざまな場面における手の働きに注目しながら、そこにある触覚ならではの関わりのかたちを明らかにすること。これが本書のテーマです。

私がこの問題に関心をもつようになったきっかけは、単純に、人の体にさわる／ふれる経験が増えたからです。

私は、目が見えない人や耳の聞こえない人、吃音《きつおん》のある人、四肢を切断した人など、さまざまな障害とともに生きる人が、その体をどのように使いこなし、それとどのように付き合っているのか、ご本人にインタビューをしながら研究をすすめています。インタビューというのは実はインタビュー以外の時間が重要で、その人が待ち合わせ場所で待っているときの姿勢や、コンビニで買いものをするときの様子、信号の渡り方など、何気なく行われるそうした動作にたくさんのヒントが含まれています。

特に目の見えない人とかかわる場合、インタビュー以外の時間は、その人を介助する時間でもあります。具体的には、自分の肘や肩に手を添えてもらい、インタビューを行う場所まで一緒に移動するのです。

その介助が、私はとても下手くそなのです。単に勉強不足で、アドリブの我流でやっているからなのですが、毎回新鮮な気持ちでドキドキしてしまいます。慌てて階段を斜めに上っては（階段は段差に対して垂直に進むのがセオリー)、「だめだよ〜」と当事者に注意される始末。「介助できない研究者」と笑われています。

それでも、触覚を通じて人と関係をつくるそうした機会は、私にとってはとても楽しい時間です。介助のスキルも大事なのですが、そこにはスキル以上の、何か重要な学びがあるように思えるのです。それは、このような研究を始めるまえの、文学部出身者らしく書庫の奥で文献を漁っていた時にはなかった、「触覚の目覚め」を私にもたらしました。

「目覚め」をさらに押し進めたのは、視覚障害者向けのランニング伴走体験でした。目の見えない人を伴走する体験も面白かったのですが、特に衝撃を受けたのは、その逆、つまり自分がアイマスクをして目の見える人に伴走してもらう、ブラインドランの体験でした。

最初にアイマスクをして走ることになったとき、私はパニックに近い恐怖に襲われていました。伴走者といっしょに走るには、小さなロープを輪っかにして、その両端をブラインドランナーと伴走者がそれぞれ握り、腕の振りをシンクロさせながら横に並んで走ります。ロープを介しているので間接的な接触になりますが、それでも相手の動きや意図を、ロープを通してしっかりと感じることができるはずでした。

ところが、いざ走ろうとすると、周囲が確認できないことによる恐怖で、どうしても足がすくんでしまうのです。視覚を遮断しているにもかかわらず、木の枝や段差など行く手を阻むものがそこに「見えた」ほどでした。

けれども、ある瞬間に覚悟を決めました。伴走をしてくれているのは、サークルのリーダーも務める、ベテラン中のベテランです。この方の素晴らしい導きと、これまでにたくさんの視覚障害者たちが視覚を使わずに走ってきたという歴史がある。それを信じて、身をあずけてしまおう。そう腹をくったのです。

それ以降の時間の、何と心地よかったことか。最初は歩くことしかできませんでしたが、すぐに走れるようになり、二〇分ほど走ったあとには、全身が経験したことのないような深い快感に包まれていました。

同時に私は愕然としました。自分がそれまでいかに「人に身をあずける」ということをしてこなかったか、ということに気づかされたのです。まるで拾われてきた猫みたいです。人を信じようとせず、誰からも距離をとろうとして、そのことを自立と勘違いしてきたのかもしれない。それは脳天に衝撃が走るようなショックでした。

目が見えると、外界から得る情報は視覚に頼りがちになります。同じように、人間関係もまた、視覚に依存しがちになります。目があったら挨拶するし、逆に関心がないことを示すために目を逸らすこともあります。「目上の人」「お目にかかる」といった言い回しも視覚の重要性を表しているし、口先の言葉よりも目にこそ本心が宿ると考えられたりもします。本書では文化ごとの接触の度合いの違いに触れることはしませんが、特に日本のようなハグや握手の習慣がない社会では、視覚の割合はいっそう高くなりがちです。

ブラインドランが教えてくれたのは、視覚だけが他者と関係する手段ではない、という当たり前の事実でした。

視覚は相手との距離を前提にした感覚なので、人間関係にも、距離をもたらします。ところが、触覚は違います。信頼して相手に身をあずけると、あずけた分だけ相手のことを知ることができる。そんな人間関係もあるのです。

「まなざしの人間関係」から「手の人間関係」へ。目の見えない人との関わりが教えてくれたのは、そんな認識論と倫理学が交わる領域でした。

本書の構成について、あらかじめ簡単に述べておきたいと思います。

まず第1章では、本書のタイトルにもなっている「倫理」とは何かについて考えていきます。倫理というと堅苦しいイメージがあるかもしれませんが、本質的には、人がその状況でどうふるまうべきかという「迷い」や「悩み」に関わるものです。その迷いや悩みのなかから最善の答えを求めていこうとする、倫理の創造性について考えます。

第2章では、「触覚」について考えます。西洋の伝統的な触覚論は、物に対する触覚、あるいは自分の体に対する触覚が中心で、他人の体にさわる／ふれるということは、あまり論じられてきませんでした。そこから倫理に関わる触覚論を構築するにはどうしたらいいか、三つのポイントをあげて従来の触覚論をアップデートする道をさぐります。

第3章は、信頼について。人の体にふれるには、またふれられるには、相手に対する信頼が必要です。なぜなら、触覚は容易に相手の体や心を傷つける暴力になりうるからです。信頼とはどのようなもので、それは安心とはどのように違うのか。それが深まるとき、触覚のもうひとつの側面、つまり親密さにつながります。

第4章は、コミュニケーションについて。言葉や絵などさまざまなメディアを用いたコミュニケーションがあるなかで、触覚的なコミュニケーションはどのような特徴をもつのか。一方的な「さわる」に対応する「伝達モード」のコミュニケーションと、双方向的な「ふれる」に対応する「生成モード」のコミュニケーションの違いに注目しながら論じます。

第5章は共鳴について。先ほども言及した目の見えない人との伴走をとりあげながら、そこにある触覚的コミュニケーションについて分析します。そこでは、「伝える」を超えた「伝わる」の領域、本人の意識的制御を超えたやりとりがなされています。

第6章では、原点に立ち帰って、触覚は本当に倫理的な感覚なのかを問い直します。さわる／ふれることによって、私たちは、思ってもみない欲望を刺激されたり、そのつもりのなかった衝動をかき立てられたりすることがあります。自分が制御できなくなるような状況で、本当に倫理など語りうるのか。しかし、第1章での議論をふまえるならば、触覚は道徳的ではないが、だからこそ倫理的でありうる、ということが分かります。

最後に昨今の状況について一言。本書を執筆しているさなか、新型コロナウイルスの脅威が世界中を襲いました。アウトブレイクからわずか半年の二〇二〇年六月一四日の時点で、すでに七六九万人の感染が確認され、死者は四三万人近くにのぼっています。この予期せぬ事態にまきこまれ、突然その命を奪われた方々には、心よりご冥福をお祈り申し上げたいと思います。

新型コロナウイルスの流行は、私たちの生活から接触の機会を大幅にうばいました。グローバル化をうたっていた各国は早々と国境を閉鎖し、県境を越えての行き来も制限されて、人々は家にとじこもって自らを隔離しました。緊急事態宣言が解除されたあとも、ソーシャルディスタンスを保つことが活動の絶対条件になり、コンビニやスーパーのレジやカウンターには飛沫感染を防止するための透明なカーテンが設置されました。

新しい生活様式とは、他人の体をリスクとみなす生き方です。悲しいことに、いまや他人の体は自分の命を脅かすかもしれないリスクの塊になり、自分の体もまた他人にとっての脅威になりうるという前提で生きていかなければなりません。新型コロナウイルスの潜伏期間は最大二週間です。さらに、無症状の人もいます。見た目には健康そのものである人が、大量のウイルスが暮らす住処であるかもしれません。いま、人類は、「ともに集まる」という社会的動物としてのヒトの根幹に関わる営みを、大幅に制限されています。

もっとも、こうした動きは今に始まったことではないのかもしれません。たとえば、ヨーロッパで長い中世が終わり、「近代的な個人」なる人間像が確立したとき、それはとりもなおさず、「他人と濃厚に接触することを不快に思う人間」が誕生したことを意味していました。

　中世の人は、大皿によそられた肉の煮込みにみんなで手を突っ込んで食べていました。杯もみんなでひとつのものを回し飲みするのが当たり前でした。他人が用を足しているところに出会すのはふつうだったし、洟は手で拭き、唾はテーブルの上に吐いていました。「自分専用の寝室」などというものは当然ありません。

　社会学者のノルベルト・エリアスは、「不快や不安を感じる範囲が推移する」ことこそ文明化の過程なのだと言います。[2] バフチンが「カーニバル的」と呼んだ中世世界の野放図な接触を不快に思うことが近代化だったとすれば、今回のコロナ禍による生活の変化も、そうした文明化のプログラムの最後の一手のようなものだったのかもしれません（もちろん、すべての文化が西洋近代化の影響下にあるわけではありません。その波から一定の距離を保ち続けている文化もたくさん存在します）。

　このような状況下で、触覚について考えることは、非常にクリティカルで、かつ難しい作業です。もしかしたら私たちは今、「さわる」を避けようとして「ふれる」まで捨ててしまうような、そんな「産湯とともに赤子を流し」つつある時代に生きているのかもしれません。ワクチンが、あるいは特効薬が開発されたら、この生活は元に戻るのでしょうか。昔はワイルドだったのねえ、なんて思い返す日がやがてくるのかもしれません。

　こうした状況をふまえつつ、しかし、本書の全体は、新型コロナウイルスがもたらした変化を強く意識することなく、ある程度普遍的なものとして書かれています。

理由は二つあります。ひとつめの理由は、ケア、子育て、看取りなど、あらゆる人に関係する重要な場面では、どんな時代でも、人の体にさわる／ふれることが求められるだろうからです。

ふたつめの理由は、接触の機会が減った世界に向けて、触覚の価値、特に「ふれる」ということが持つ価値を、後世に伝えていくためです。信頼し、身をあずけることの価値は、必ずしも触覚でないと実現できないものではありません。言葉を使って人に「ふれる」ことだっておそらくできるでしょうし、分身ロボットを使って「ふれる」ような時代も近いうちにやってくるでしょう。

ウィズコロナの世界において、人類の接触の絶対量が減ったとしても、触覚がもつ価値は別の形で受け継がれていく必要がある。特に感染したことさえ「本人の行いが悪い」と批判されてしまう自己責任論の風潮が強いこの国において、人に身をあずけることの豊かさは、あまりに軽んじられているように思います。そんな思いから、本書を書いています。

目次

第2章 触覚　53

第3章 信頼　87

第4章　コミュニケーション

第5章　共　鳴　149

第6章　不埒な手　177

第1章
倫理

ほんとうの体育

ある研究者と話していたときのことです。

その研究者と会うのは初めてで、お互いの研究について自己紹介しつつ、ざっくばらんに雑談を繰り広げていました。彼の専門は体育科教育学。私の専門は美学という哲学系の学問です。分野は違いますが、しだいに議論が白熱していき、彼は自らの体育教育の理想を語り始めました。

「体育の授業が根本のところで目指すべきものって、他人の体に、失礼ではない仕方でふれる技術を身につけさせることだと思うんです」

おお、エウレカ！　私はその言葉に大きな感銘を受けました。

体育教育というと、一般には、運動技術を向上させたり、体力をつけたり、あるいはチームワークを養成する場だと考えられています。しかし大前提として、体育とはまぎれもなく「体」と向き合う教科です。とび箱が跳べないならどうしたらいいか。球技が苦手なクラスメイトにパスをとってもらうにはどうしたらいいか。体育の授業中に生まれるこうした課題の一つ一つは、一見すると「能力」の問題であるように見えます。しかし、実はそれ以前に、「体との向き合い方」の問題です。必ずしも思い通りにならないこの体というものとどう向き合うか。体育とは、言われてみれば、学校教育では数少ない「体」がフィーチャーされる時間です。

体育の授業は、自分の体を見つめる時間であると同時に、クラスメイトの体をケアする時間でもあるでしょう。背の高い人がいれば低い人もいる。体が硬い人がいれば柔らかい人もいる。思い出すのは、大学でグループワークをしているとき、まわりにいる友人たちの体が、妙に実体のないふわふわしたものに感じられたことです。おそらく高校までは、体育の授業を全員で一緒に受けていたので、クラスメイトひとりひとりの体の特性や癖を、無意識のうちに把握していたのだと思います。けれども大学に入ると、体育の授業を一斉に受ける機会が失われたことで、お互いの体について情報を得る機会が大きく減ってしまった。大学では、いつも一緒に英語や数学の授業を受けていた友人の体が、走る時にどんなフォームになるのかすら知りませんでした。

自分の体や、あるいは仲間の体を見つめる時間としての体育。まずそのことが、彼の言葉が私にもたらした一つめのエウレカでした。

けれども、より重要なのは二つめのエウレカ、そう、彼が「ふれる」という場面を問題にしていることです。「仲間を思いやる」でも「協力しあうことを学ぶ」でもない。「他人の体のふれ方」というきわめて即物的な技法こそ、体をめぐる学びの本質だと彼は言うのです。

即物的であると言っても、これは「さわる」であってはならないでしょう。序で区別したように、「さわる」は、相手との感情的な交流を考慮しない一方的な接触です。彼の意図はむしろ、相手の事情を思いやりながら、それを尊重するように接触することにあります。この双方向性を意図するなら、接触は「さわる」でなく「ふれる」でなければなりません。

そして彼がそのように言うということは、とりもなおさず、いかに人の体にふれるということが難しいか、ということを示しています。

まっさきに思い出したのは、小学校の頃の体育の授業でやらされたフォークダンスです。いまも同じようなことが行われているのかわかりませんが、私が通っていた小学校では、毎年高学年になると体育の授業でフォークダンスを習い、それを林間学校のキャンプファイヤーのときに火の周りで行う、という慣わしになっていました。オクラホマミキサー、マイムマイム……曲が流れるたびに、クラスが阿鼻叫喚の大騒ぎになるのです。

フォークダンスでは、ペアになったり、全員で丸くなったり、さまざまに陣形を変えつつ男子生徒と女子生徒が手を取り合う場面が頻繁に登場します。今のようにダンスがメジャーな習い事ではなかった時代、そもそも踊ること自体への抵抗が今より大きかったように思いますが、ふだん机を並べて一緒にすごしているクラスメイトと手を取り合うことの違和感は、ものすごく大きいものがありました。もちろん、そこには意中の人の手にふれられるという期待も混ざっていたわけですが、いずれにせよ、ただ手をふれるというそれだけのことが、小学生の日常にとっては大きな違和感の種だったのです。

調べてみると、フォークダンスはGHQの占領下で普及政策がとられており、日常的に他者と身体的に接触する機会のない日本人にとっては、そもそもが「異文化」であったようです。その背後には、戦後の民主主義教育の中で、戦前戦中の軍隊式・体操中心の「身体の教育」を脱し、遊びやスポーツの要素を取り入れた「運動による教育」に転換するという大きな目的がありました。その意味ではフォークダンスにおける身体接触は、戦後改革＝アメリカナイズの副産物なのかもしれません。

けれども、先の研究者が言おうとしていたのは、「日本にもっと欧米の文化を取り入れるべきだ」といったような話ではないはずです。なぜなら、彼は「技術」という言葉を使っていたからです。技術は、習慣とは違って、文化の差を超えて流通しうるものです。もちろん実際の運用には、文化的な要因が作用することもあるでしょう。けれども技術そのものは、誰が、いつ、どこでやっても、きちんと作動すれば同じ結果をもたらすものに与えられる名前です。

別の見方をすれば、われわれの場合には、文化がないからこそ、技術が必要になる、ということなのかもしれません。人が人の体にふれるときに必要な技術とは何なのでしょうか。

フレーベルの恩物

本書は教育をめぐって書かれるものではありませんが、もう少しだけ、触覚の観点から教育関連の文章を読んでおきたいと思います。参照したいのは、ドイツの教育学者、フリードリッヒ・フレーベルの教育論です。

フレーベルは、一七八二年にドイツ中部で生まれ、イェーナ大学で哲学を学んだあと、その一生を幼児教育の研究と実践に捧げました。

彼は後世に二つの大きな発明を残しています。

一つは「幼稚園」です。幼稚園というコンセプトを作り、それに名前を与えたのはフレーベルです。

もう一つは「恩物《おんぶつ》」です。「恩物」とは、積み木や棒、ビーズのような粒などから構成される教育玩具のこと。いまでは世界中で見られる、幼い子供たちが元気よく園庭を走り回ったり、球や立方体の形をした玩具をつまんで遊んだりする光景は、フレーベルの長年の研究の成果なのです。

フレーベルが何より大切にしたのは、子供が身の回りの石や木を手に取り、それをさまざまな仕方で動かしながら、しだいにその性質を理解していく過程でした。大人はつい、子供がものをいじったり、口に入れたり、ちぎったりするのを見ると、叱りたくなってしまいます。でも賢いのは子供のほうだ、とフレーベルは言います。フレーベルは、実にあたたかいまなざしで、忙しく動く子供の手の動きを描写します。

> 見たまえ。あそこでひとりの幼児が、いま見つけたばかりの小石に、色をだすという性質があることを発見した。かれは、その小石を、その作用からその性質をおしはかるために、自分の近くにある小さな板にこすりつけてみたのである。それは、石灰や、粘土や、代赭石や白墨の一片である。よく見たまえ。この新しく発見した性質を、かれはなんと喜んでいることか。腕や手をいかに忙しくすばやく動かしながら、この性質を用いていることか。板の表面はもうほとんど一変してしまっている。[2]

石が持つ、「書く道具」としての性質。それはただ外から石を眺めているだけでは気がつかない性質です。それを手にとり、実際に板にこすりつけてみたことによって、幼児は初めてその性質を引き出したのです。

「目を通して出会う石」と「手を通して出会う石」の違い。岡﨑乾二郎は、フレーベルがカンディンスキー、クレー、ル・コルビュジエ、恩地孝四郎といった抽象芸術家に与えた影響を論じながら、そのアプローチの特徴を「視覚への還元できなさ」に見出します。「メソッドの骨格をなす遊戯=作業も《恩物》による演習も決して視覚的イメージに還元できるものではなく、事物との協働という身体行為をともなう具体的なプロセスにこそ重点が置かれていた」[3]。

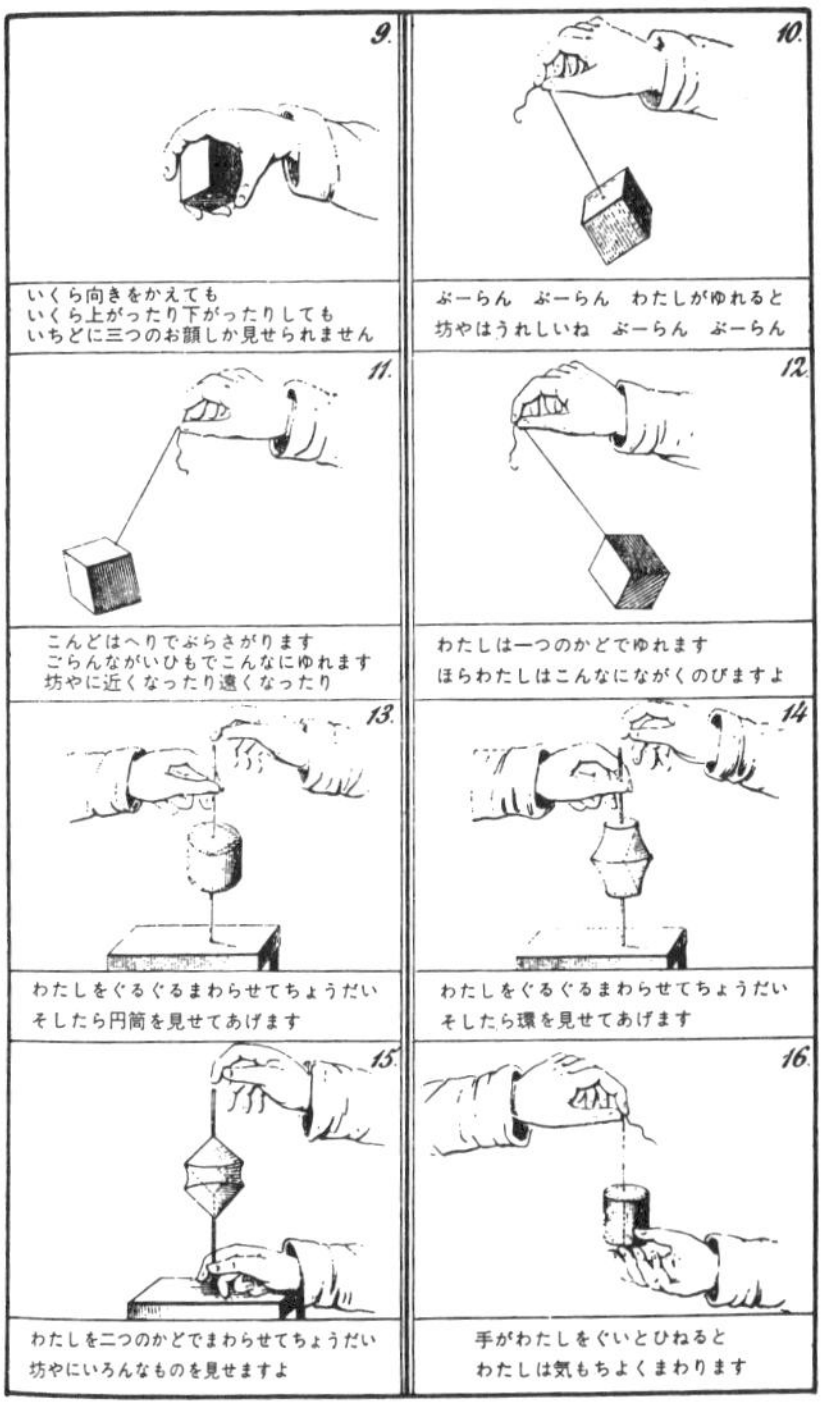
9.
いくら向きをかえても
いくら上がったり下がったりしても
いちどに三つのお顔しか見せられません
10.
ぶーらん　ぶーらん　わたしがゆれると
坊やはうれしいね　ぶーらん　ぶーらん
11.
こんどはへりでぶらさがります
ごらんながいひもでこんなにゆれます
坊やに近くなったり遠くなったり
12.
わたしは一つのかどでゆれます
ほらわたしはこんなにながくのびますよ
13.
わたしをぐるぐるまわらせてちょうだい
そしたら円筒を見せてあげます
14
わたしをぐるぐるまわらせてちょうだい
そしたら環を見せてあげます
15.
わたしを二つのかどでまわらせてちょうだい
坊やにいろんなものを見せますよ
16.
手がわたしをぐいとひねると
わたしは気もちよくまわります
小原國芳・荘司雅子監修『フレーベル全集　第4巻』
玉川大学出版部、1981年、159頁より転載

彼が開発した恩物も、重要なのは、目で見てわかる幾何学的な形ではなく、実際に手にとって遊ぶことによってわかる、さまざまな性質でした。「恩物」のさまざまな遊び方を示した絵がそのことを示しています。たとえば立方

体は、回転させることによって、円柱でもあるという性質があらわになります。恩物は、手に取られることで、まるで生き物のように、「いろいろなものを見せますよ」と子供に話しかけてくるのです。

興味深いのは、こうして石や木、物の性質を知っていくことが、フレーベルにおいては、「自分自身を知ること」へと折り返されていく点です。ものの意外な性質が引き出されることと、自分の中の意外な性質が引き出されることは、フレーベルにとってセットになった一つの出来事なのです。だからこそ、フレーベルは子供の発達において触覚的な経験が持つ力を重視したのでした。

「手を通して出会う石」と「手を通して出会う私」。フレーベルは、絵を描こうと試行錯誤する子供についてこう言います。

このような行為を通して、子どものなかには、言い尽しえないほど多くのものが、発達してくる。たとえば、形の明確な把握とか、対象からきり離しての形の表現の可能性とか、形それ自体の確保とか、それを自由に表現するための腕や手の強化とか、それへの能力の賦与などである。[4]

まなざしの倫理／手の倫理

フレーベルの教育論において語られているのは、もっぱら石や木といった具体的な物にさわる経験です。ですが、その「手を通して見出される私がある」という感覚は、物ではなく人にふれる場合でも同じです。私が先に「目ではなく手を介した人間関係」と呼んだものは、まさにこの視覚ベースではないからこそ出てくる自分のあり方を指したものです。

とはいえ、物にさわることと生身の人にふれることは、やはり根本的に異なる経験です。ひとことでいえば、人にふれることは「倫理」の次元を含んでいます。積み木をくるくる回すことはできても、人の体を同じように回すことはできません。それは単に人の体が重いからではなくて、相手がまさに人間であり、自分と同じように心を持っているように見え、だからこそ物のように意のままに扱うことは倫理的によくないことだからです。

西洋の哲学には、倫理の問題を「まなざし」をモデルにして語る長い伝統があります。つまり人と人の関係を考えるときに、視覚という感覚器官がもつ特徴とそれが作り出す関係にもとづいて、議論がなされてきたのです。

その嚆矢《こうし》はサルトルでしょう。サルトルは、まだ高校教師だった一九四三年、実存主義の記念碑的な著作『存在と無』を出版します。全四部のうち第三部が対他存在、つまり他者との関係において成立する自己のあり方の分析に費やされていますが、その際の中心概念が「まなざし」なのです。サルトルは言います。「主観‐他者と私との根本的な結びつきは、『他者によって見られる』という私の不断の可能性に帰着しうるはずである」[5]（強調は原文、以下同）。

ふいに誰かに見られていることに気づくと、人はハッとして恥ずかしさを覚えます。それまでは何かに没入していたとしても、他者のまなざしを意識することで、自分のしていることをその他者の視点から反省してしまい、没入することができなくなるのです。これがサルトルが「他有化‐疎外

aliénation」と呼ぶ瞬間、自分が自分のものでなくなる瞬間です。

もっとも、サルトルが「まなざし」という言葉で論じているのは、文字通りの視覚的な現象だけではありません。突然廊下で足音が聞こえるといった聴覚的な出来事や、カーテンがかすかに揺らめくといった器官としての目が登場しないような場面でも、そこに他者の存在が意識されるならば、サルトルはすべて「まなざし」の経験として語るからです。逆に言えば、こうした非視覚的な経験までもが視覚に還元されてしまうほど、モデルとしての「まなざし」はサルトルにとって重要な意味を持っていたと言えます。

他者との関係を考える際のモデルとしての視覚。サルトル以外にも、メルロ＝ポンティ、レヴィナス、フーコー、ラカンなどが、この意味でのまなざしについて論じました。

これらを「まなざしの倫理の系譜」と呼ぶならば、私が本書で論じたいのは、「手の倫理」、すなわち触覚をモデルとしたもう一つの他者との関わり方です。単なる身体部位の違いじゃないか、と思われるかもしれません。しかし何をモデルとして考えるかで、検討する具体的な場面が変わります。モデルを変えることで、人と人の関係についての異なる可能性に光をあてることができるはずです。

そもそも、視覚障害者のように文字通りまなざしをもたない人にとっては、「まなざしの倫理」はリアリティを持ちません。彼らには「目があう」といった経験はないのですから。あるいはレヴィナスは「顔」について論じていますが、これも視覚障害者にとってはピンとこないでしょう。彼らにとって顔は肩と同じくらい、表現的な意味を持たない部位なのですから。

視覚障害者以外にも、たとえば四肢が不自由で日常的に介助を受けて生活している人にとっては、「まなざしの倫理」が前提とするような他者との距離が生まれることは、むしろ危機を意味することになるでしょう。そのような人にとっては、いかに距離ゼロの他者関係をよい状態に保つかが、死活問題になります。

乱暴な言い方をしてしまうなら、「まなざしの倫理」は、身体接触＝介助を必要としない、健常者の身体を基準にした倫理なのです。もしそれだけが唯一の、人間に許された倫理のあり方だとされるならば、介助という「他者の体にふれる経験」は倫理の外部、場合によってはタブーになってしまいます。

そして健常者と呼ばれる人たちも、果たして「まなざしの倫理」だけでうまくいっているのかどうか。どんな人もやがて老いていきます。そして現に六五歳以上が人口の四分の一以上を占める我が国において、まなざしを前提にした人間関係だけで、果たして通用しうるのでしょうか。

序で述べたように、障害をもつ人と関わるなかで、私は何かを教えられている気がしています。触覚をモデルとした人間関係の可能性を開き、その技術を身につけることで、見え方が変わる問題もあるのではないか。

もちろんすべての問題に対して触覚的なアプローチが有効というわけではないでしょう。けれども私たちはときに、目ではなく、手で考える必要もあるように思います。

倫理と道徳

さて、先ほどから「倫理」という言葉を使っています。

あらためて「倫理」とは何でしょうか。確かに安楽死や臓器移植問題に関する「生命倫理」、日本原子力学会が設けている「日本原子力学会倫理委員会」など、時折耳にする言葉ではあります。しかし、いざその意味はと問われると、一言で言い表すのは容易ではありません。時代とともに、また文化によっても、その意味は変わるでしょう。

本論では、その意味するところを、「道徳」との違いを手がかりにして明確にしたいと思います。倫理と道徳の違い？　同じ意味じゃないの？　そう思われるのももっともです。実際、大辞林で「倫理」を引くと、「人として守るべき道。道徳」とあり、両者がほとんど同じ意味で使われていることが分かります。一般的にも、またアカデミックな議論の場でも、両者の区別は必ずしも徹底されているわけではありません。

しかし、哲学者や倫理学者のなかには、道徳と倫理のあいだに区別を設ける立場の専門家もいます。もちろん両者のあいだには重なる部分もあるのですが、明確に異なる側面もある。本書では、こうした両者を区別する専門家たちの議論を参考にしたいと思います。なぜなら、現代の複雑化した世界において、その区別はますます重要になってきているように思えるからです。

両者の違いを説明するまえに、ひとつエピソードを紹介させてください。それは私にとって、その違いを痛いほど思い知らされた出来事でした。

当時小学校三年生だった息子をつれて、アメリカに出張に行ったときのことです。ハーレーダビッドソンで有名なアメリカ中西部のウィスコンシン州、その中南部に位置するマディソンという湖畔の街で学会が開かれることになっていました。

ホテルに到着し、買い物がてら街を散歩したときのこと。向こうから、四〇代くらいの太った女性がふらふらと揺れながらこちらに近づいてきます。乱れた身なりと手を差し伸べている様子から、物乞いをしようとしていることがすぐに分かりました。

私はとっさに息子の手をぐいと引いて、その女性を避けるように通りの反対側に渡ってしまいました。自分ひとりならまだしも、子供もいる状況で、何かよくないことに巻き込まれたら大変だ。その一心でした。

その直後でした。息子がパニックを起こしたように大泣きをし始めたのは。なぜ、お母さんはあの人を助けなかったのか。なぜ、かわいそうな人にあんな仕打ちをするのか。ぼくがもし病気になったり障害を持ったりしたら、みんなに冷たくされるのか。あの人は、すごく悲しそうな声で、「ソーリー」と言っていたじゃないか。あの声がぼくの心に残って離れない。とても悲しい。苦しい。そして、息子は何度もこう繰り返したのです。「この気持ちは一生残っちゃうと思う。お母さん、何とかして」。

私は懸命に説明を試みました。世の中には困っている人がたくさんいて、すべての人に施し物をすることはできない。その代わりに「税金」という制度があって、その「みんなからちょっとずつ集めたお金」を使って、困っている人を助ける仕組みになっている。それに、あの人にお金をあげたとしても、お酒を買ってしまったりして、あの人のためにならないかもしれないよ。

案の定、私の説明は息子にはひとつもとどきませんでした。結局、ホテルに帰っても一時間くらい大声で泣き続けることになりました。

「倫理一般」は存在しない

「困っている人がいたら助けましょう」。これが小学生の頭の中にある行動規範です。なぜなら学校の授業でそう習ってきたし、そうすべきだと自分でも心がけてきたからです。世界は、困っている人が当然のように助けられる場所だと思っていた。

それなのに、その絶対的なルールを、一番身近な大人である母親が目の前でやぶったのです。パニックになるのも無理はありません。

もちろん、私も「困っている人は助けるべきだ」ということは理解していたつもりです。けれども、あの状況でそれに従うことはできなかったし、従うのが最善ではないかもしれないということ、つまりこの規範がそれほど絶対的ではないということも、いつの間にか知っていました。「困っている人は助けるべきだ」は「タテマエ」であって、「ホンネ」は別にある。そんなふうに考えていました。

要するに、私と息子は、道徳と倫理のあいだで引き裂かれていたのでした。小学校の道徳の授業で習うような、「〇〇しなさい」という絶対的で普遍的な規則。これに対し倫理は、現実の具体的な状況で人がどう振る舞うかに関わります。相手が何者か分からず、自分の身を守る必要もあり、時間やお金の余裕が無限にあるわけではない今・ここの状況で、どう振る舞うことがよいのか。あるいは少しでもマシなのか。倫理が関わるのはこういった領域です。

哲学者のアラン・バディウは、その名も『倫理』という本のなかでこう述べています。「倫理を抽象的範疇（人間、権利、他者……）に結びつけるのではなく、むしろさまざまな状況へ差し戻すことにしよう」[6]。そしてバディウは言います。倫理に「一般」などというものはない、と。なぜなら状況が個別的であるのに加えて、判断をする人も、それぞれに異なる社会的、身体的、文化的、宗教的条件のなかに生きており、その個別の視点からしか、自分の行動を決められないからです。「倫理『一般』などないとすれば、それは倫理『一般』で自己を武装せねばならない抽象的な主体などないからだ」[7]。

哲学や倫理学のような学問の領域に限らず、社会生活のさまざまな場面で、私たちはものごとを一般化して、抽象化して捉えてしまいがちです。「人間」「身体」「他者」という言葉。ほんとうは、そんなものは存在しません。それぞれの人間は違うし、それぞれの身体は違うし、それぞれの他者は違っています。

けれどもついついその差異を無視して「人間一般」「身体一般」「他者一般」について語り、何かの問題を扱ったような気になってしまう。もちろん、道徳が提示する普遍的な視点を持つことも重要です。そうでなければ、人は過剰に状況依存的になってしまい、その場まかせの行動をすることになってしまうでしょう。けれども、「一般」として指し示されているものは、あくまで実在しない「仮説」であることを、忘れてはなりません。なぜなら「一般」が通用しなくなるような事態が確実に存在するからです。そして、倫理的に考えるとは、まさにこのズレを強烈に意識することから始まるのです。

不確かな道を創造的に進む

さて、倫理が具体的な状況に関わるということをさらに一歩進めて考えるならば、そこでは「できるかできないか」ということが問題になるということを意味します。この点に関しては、哲学者・倫理学者の古田徹也の議論を参照しましょう。古田は、倫理と道徳の違いを、いくつかの観点から非常に分かりやすい表の形にまとめています[8]（表1）。

表のうち、一番上の行は、先に確認した「道徳＝普遍」「倫理＝個別」に関するものです。「できるかできないか」に関わるのは、次の上から二つ目の行。道徳が、「困っている人がいたら助けるべきである」「嘘をつかず、どんなことも包み隠さず話すべきである」等、その人の能力や状況によらない正しさを示すとき、その「すべき」は、「すべきだができない」というジレンマが発生する可能性を前提にしていません。つまり、「すべき」が問答無用の「できる」を含意している。だからこそ、なすべきことをしなかった人は「なぜしなかったのか」と非難されることになります。

道徳（moral）	倫理（ethics）
画一的な「正しさ」「善」を指向する →万人に対する義務や社会全体の幸福が問題となる	「すべきこと」や「生き方」全般を問題にする →「自分がすべきこと」や「自分の生き方」という問題も含まれる
非難と強力に結びつく →「すべき」が「できる」を含意する	非難とは必ずしも結びつかない →「すべき」が必ずしも「できる」を含意しない
人々の生活の中で長い時間をかけて定まっていった答えないし価値観が中心となる	答えが定まっていない、現在進行形の重要な問題に対する検討も含まれる
価値を生きること	価値を生きるだけでなく、価値について考え抜くことも含まれる

表1　道徳と倫理の区別（古田徹也『それは私がしたことなのか』エピローグより）

これに対し、倫理においては「すべき」とは別に「できるかどうか」という審級があります。「嘘をつくべきではないことは分かっている。でも、真実を伝えることは彼女を傷つけることになるから、少なくとも今の私にはできない」。まさにこうした、「すべきだができない」状況に、人はしばしば陥ります。「すべきことができる」ならば、それは道徳でよいのです。けれども、それでは解決できないとき、逡巡しながら、人は自分なりの最善の行為を選ぼうとします。倫理が問題になるのは、この迷いにおいてです。

先に紹介したエピソードでも、息子に非難されてから、私の頭を占めるようになったのは「自分には何ができるのか」という問いでした。その瞬間はほとんど反射的に女性を避けてしまいましたが、息子の反応をきっかけにして、後から迷いがやってきたのです。もちろん寄附をするというのは、すぐに簡単にできることです。でも、いくら倫理が状況に埋め込まれた判断だからといって、その状況下でのベストの行為が、その状況で完結するような近視眼的なものであるとは限りません。長い目で考えるならば、研究者として格差や貧困について何らかの形で考えていくことこそ、私ならではの「できること」なのかもしれません。あるいは母親として息子と一緒にアメリカ社会について正しく学ぶことも「できること」かもしれません。小学校三年生の息子がぶつけてきたのは「道徳」でしたが、私はそれを「できない」と感じ、問いは「倫理」の水準に移行したのです。

倫理に「迷い」や「悩み」がつきものである、ということは、倫理が、ある種の創造性を秘めているということを意味しています。なぜなら、人は悩み、迷うなかで、二者択一のように見えていた状況(「女性に施しをするか否か」)にも実は別のさまざまな選択肢がありうること(「慈善団体に寄附をすること」「格差や貧困について研究すること」「子供がアメリカ社会について学ぶ機会をつくること」)に気づき、杓子定規に「〜すべし」と命ずる道徳の示す価値を相対化することができるからです。もちろん、それは定まった価値の外部に出ること、明確な答えがない状態に耐える不安定さと隣り合わせです。しかし、この迷いと悩みのなかにこそ、現実の状況に即する倫理の創造性があるといえます。

先の表では、三、四行目がこのことを指摘しています。道徳は、定まった答えや価値をなぞること、つまり「価値を生きること」が中心になるのに対し、倫理は「価値について考え抜くこと」をも含むのです。倫理という言葉が、「生命倫理」「日本原子力学会倫理委員会」のようなテクノロジーと関わる場面で使われることが多いのも、最新のテクノロジーが「生命」や「幸福」といった既存の価値にゆさぶりをかけ、それを現在進行形の、未決定でホットな問題にするからでしょう。

倫理学者のアンソニー・ウエストンは、「倫理には創意工夫が欠かせない」と断言します。古田も参照している『ここからはじまる倫理』の中で、ウエストンは、やはり道徳と倫理を区別しつつこう述べています。

> この場合にはこうしなさいと道徳的に説いたり指図することとは、一般的に言って、倫理の目的ではない。その真の目的は、考えるための道具を与え、考え方の可能性を広げることにある。世の中にはそんなに単純で明確なことなどめったにないということを認め――これは倫理の根本である――、それを踏まえて、困難な問題を考えていく、そのために倫理はさまざまな可能性を示すのである。だから、進むべき道を求めて格闘し、不確かなままに進んでいく、それなしには倫理はありえない。[9]

考えるための道具を与え、考え方の可能性を広げるものとしての倫理。そのための方法としてウエストンがあげるのは、たとえば「ことばを慎重に選ぶ」ということです。「食肉は殺害だ」「神は生命を尊ぶ」のようなスローガン的な言い回しは、独断的で事態を単純化してしまい、私たちが創造的に考えることをさまたげてしまいます。あるいは女性を「ドール」と呼ぶ言い方は、どれほど慣習的なものであったとしても、女性に対する一面的な見方を強化する貧しい表現です。ウエストンの本には、さまざまな会話の例が引用されていて、どれもとても興味深いのですが、いかにふだんの何気ない会話が、非倫理的な、つまり迷いを欠いた言い回しに満ちているかに気づかされます。

蟻のように

「ことばを慎重に選ぶ」という点に関して、別の論者があげている例を一つ取り上げておきたいと思います。それはもしかしたら多くの人にとって「え、そこまで？」と思われるような、しかし言われてみると納得するような例です。

取り上げたいのは「社会」という言葉の使われ方。これを問題にしたのは、人類学者のブルーノ・ラトゥールです。「社会的な要因」「社会的なつながり」「社会に出る」「社会が彼を犯罪者にした」……。確かに私たちはきわめて曖昧な仕方で「社会」という言葉を濫用しています。

しかし、そもそも社会とは何なのか。「大きな物語」「一億総中流」といった言葉がとっくに効力を失い、経済的、宗教的、人種的分断が進み、ネット上では国家さえ凌ぐほどの人の動きが起こっている今、果たして「社会」という言葉を、私たちは信頼に足る言葉として使い続けることができるのかどうか。ラトゥールは言います。「帰属意識が危機に瀕している。しかし、この危機から目をそらすことなく、新たな結びつきに目を向けるために、社会的なものに対して別の概念化を行う必要がある」[10]。

　ラトゥールは、このような問題意識から、社会的なものを「つなぎ直し、組み直していく固有の動き」と定義し、アクターネットワーク理論（Actor-network-theory）を提唱しました。ラトゥールは、自らの理論の頭文字をつなげると「ＡＮＴ」つまり「蟻」になることが気に入っていたようで、冗談めかしてこんなふうに語っています。「ＡＮＴという頭文字は、目が見えず、視野が狭く、脇目をふらず、跡を嗅ぎつけて、まとまって移動するものにぴったりである（……）。アリ《アント》（ＡＮＴ）が他のアリたちのために書く。これは、私のプロジェクトにぴったりではないか」[11]。

　高みから俯瞰しないで、蟻のように地を這い、具体的な状況のなかを動きながら記述する。ラトゥールはそれを、「ガイド本的アプローチ」と呼んでいます。従来の哲学の本のように「社会」や「人間」や「存在」についての普遍的な理論を打ち立てるのではない。自分の本は、『地球の歩き方』のように（とはラトゥールは言っていませんが）具体的な状況を生きるための手がかりを提示するものだ、と言うのです。

　ガイド本的アプローチの利点は、ガイド本と実際の土地が混同されない点にある。ガイド本はその土地を外からカバーしているにすぎない。ガイド本は、うまく使いこなすことも無視することもできるし、バックパックにしまったり、油やコーヒーでしみをつけたり、至るところに走り書きをしたり、バーベキューの火をつけるために何ページか破いたりしてもよい。（……）本書はハウツーものとして、現場で実践する者に向けて書かれており、行き詰まるたびに自分の位置を確かめるのに役立つものである。[12]

本書は、社会そのものについて語るわけではありませんが、この蟻のような姿勢と、ガイド本のような現実との関係を、ラトゥールから学びたいと思います。「人間とは」「身体とは」「他者とは」といった一般化された言葉から始めるのではなく、「他人の体にさわる／ふれる」という具体的な行為を通して、倫理について考えていくこと。「まなざし」の距離がとれないような状況で、「接触」というこれ以上ないほど即物的な行為のなかから、人の人に対する振る舞いの別の可能性を探りだすこと。

「倫理」という具体的な状況に関する問いだからこそ、できるかぎり具体的な行為に即して考えてみたい。それが「手に倫理を学ぶ」ことの意味です。

「多様性」という言葉への違和感

言葉に寄りかからず、具体的な状況の中で考える。私が強くそう念じる背景にあるのは、実際に、気になって警戒しているある言葉があるからです。

それは「多様性」という言葉です。あるいは「ダイバーシティ」「共生」といった言葉もそう。延期になった東京オリンピックの大会ビジョンに始まり、企業の広告や大学のパンフレットなど、いまあらゆるところでこの言葉が使われています。便利で、私自身も止むを得ず使ってしまうことがあるのですが、この氾濫ぶりは異常だと思います。

もちろん、人が一人ひとり違っていて、その違いを尊重することは重要です。「多様性」の名の下に行われている取り組みには、こうした違いを尊重し生かすことに貢献するものもあるでしょう。しかし、「多様性」という言葉そのものは、別に多様性を尊重するわけではない。むしろ逆の効果すら持ちうるのではないかと感じています。

重度障害を持つ国会議員に対する批判、あいちトリエンナーレの企画展に対する抗議・脅迫と展示中止、冷え切る日韓関係。現実の日本で進んでいるのは、多様性の尊重とは真逆の、分断の進行です。

そこにいったいどんな寛容の精神や生きた優しさがあると言うのでしょうか。私は二〇一九年の半年間、在外研修でボストンに暮らしていたのですが、帰国して一番違和感を覚えたのはそのことでした。街中を覆う「多様性キャンペーン」と、実態として進む分断。誰もが演技をしているように見えてゾッとしたことを覚えています。

もしかすると、「多様性」という言葉は、こうした分断を肯定する言葉になっているのかもしれない、とそのとき思いました。多様性を象徴する言葉としてよく引き合いに出される「みんなちがって、みんないい」という金子みすゞの詩は、一歩間違えば、「みんなやり方が違うのだから、それぞれの領分を守って、お互い干渉しないようにしよう」というメッセージになりかねません。

つまり、多様性は不干渉と表裏一体になっており、そこから分断まではほんの一歩なのです。「多様性」という言葉に寄りかかりすぎると、それは単に人々がバラバラである現状を肯定するための免罪符のようなものになってしまいます。

ウエストンは、「相対主義は反社会的な態度になりうる」と言います。「相対主義」とは、「多様性」という言葉が用いられるときの背景にあるような、「人間一般」「身体一般」「他者一般」のような絶対的なものを疑い、さまざまな価値の違いを尊重しようとする考え方のこと。すでに述べたように、多様性の尊重そのものは大前提として重要であり、その意味では相対主義は不可欠な視点です。けれどもそれが「他人のことには干渉しないようにしよう」という自己弁護につながるとき、ウエストンはそれが反社会的なものになると言うのです。

> 相対主義の決まり文句「他人のことに口を出すべからず」は、それゆえ、反社会的な態度となる。思考を停止させるだけではない。社会全体が関わってくる問題の場合には、そこにおいてどれほど意見が異なっていようとも、なお理を尽くして、お互いを尊重しつつ、なんとかして協調していけるよう道を探らねばならないのに、この決まり文句によって、そこから目をそらしてしまうのだ。(……)倫理とは、「他人のことに口を出すべからず」が問題解決として役に立たない――どれほど意見が分かれていようとも、一緒に問題を解決していかなければどうしようもない――、まさにそのような問題に照準を当てたものだということになる。私たちは、ともに生きて

いかねばならない。だから、なおも考え続け、語り続けねばならない。これこそが、倫理そのものであり、倫理的にふるまうことにほかならない。[13]

つまり、多様性という言葉に安住することは、それ自体はまったく倫理的なふるまいではない。そうではなく、いかにして異なる考え方をつなぎ、違うものを同じ社会の構成員として組織していくか、そこにこそ倫理があると言うのです。

これに対し、さわる／ふれることは、物理的な接触ですから、その接触面に必ず他者との交渉が生じます。物理的であるからこそ、さわる／ふれることは、避けようもなく「他人のことに口を出す」行為なのです。他者を尊重しつつ距離をとり、相対主義の態度を決め込むことは不可能。この意味でさわる／ふれることは、本質的に倫理的な行為だと言うことができます。

ただし、倫理は単に具体的な状況に埋没するものではない、という点にも注意が必要です。確かに、先に確認したように「一般」を前提にしないことが、倫理を道徳から区別する重要な特徴です。けれども、ただひたすらその状況の内部から価値を主張することもまた、倫理的ではありません。状況の複雑さに分け入り、不確実な状況に創造的に向き合うことで、「善とは何か」「生命とは何か」といった普遍的な問いが問いなおされる。あるいは異なる複数の立場のあいだにも、実は共通の価値があることが見えてくる。倫理的な営みとはむしろ、具体的な状況と普遍的な価値のあいだを往復すること、そうすることで異なるさまざまな立場をつなげていくことであると言うことができます。

一人の中にある無限

そうは言っても、異なる考え方をつなぐというのは、言うは易しで実際に行うのは容易ではありません。

分断ではない多様性を、どのように考えていけばよいのか。思い出すのは、マサチューセッツ工科大学（ＭＩＴ）の廊下で見た、あるチラシです。

チラシの左半分には学生らしき黒人女性二人が写っています。そしてその右側には、大きな文字でこう書かれていました。「Be your whole self.」それは、理工系の学生に向けて副専攻で人文社会系のコースを履修するように案内するチラシでした。

Be your whole self.「ありのままのあなたで」と訳したくなりますが、ややニュアンスが異なるでしょう。なるほどと思ったのは、「まるごとのあなた whole self」という表現でした。大学生で、遺伝子工学を専攻していて、アフリカ系アメリカ人で、南部出身で、女性で、演劇にも興味があって……例えばそんな複数の側面を持つあなたを、隠さず全部出していい。ニュートラルな「遺伝子工学の研究者」ではなく、アフリカ系アメリカ人として、あるいは女性として、遺伝子工学を研究することこそが強みなのだ。そう投げかける姿勢がこの「whole」には含まれているように感じました。

つまりそのチラシがうたっているのは、人と人のあいだにある多様性ではなくて、一人の人の中にある多様性なのでした。あるいはむしろ「無限性」と言ったほうがよいかもしれない。その「すべて」を、まずは自分が尊重しようというのが、そのチラシが伝えようとしているメッセージでした。これだと思いました。それは、私が実際に障害のある人たちと接するなかで得た実感に、ピタリと合うものでした。

人と人の違いを指す「多様性」という言葉は、しばしばラベリングにつながります。あの人は、視覚障害者だからこういう配慮をしましょう。この人は、発達障害だからこういうケアをしましょう。もちろん適切な配慮やケアは必要ですが、まさに倫理ではなく道徳の領域で、個人が一般化された障害者のカテゴリーに組み込まれていく。いつもいつも同じ役割を演じさせられるのは、誰だって苦しいものです。

当たり前ですが、障害を持つ人はいつでも障害者なわけではありません。家に帰ればふつうのお父さんや年頃の娘かもしれないし、自分の詳しい話題になれば、さっきまで介助してもらっていた人に対して先生になることもあるでしょう。ある先天的に全盲の男性などは、私の知る限り、収入面だけ考えても、三足の草鞋を履いています。本業はシステムエンジニアだけど、インターナショナルスクールで点字を教えていて（使用言語はもちろん英語）、音楽活動でも収入を得ています。料理が得意で揚げ物もするし、若い頃はデートの前にどの道を歩こうか妄想を膨らませていました（ただし音的に）。

こうした一人の人が持つ多様性は、実際にその人と関わってみないと、見えてこないものです。一緒にご飯を食べたり、ゲームをしたり、映画を見に行ったりするふつうの人付き合いのなかで、「〇〇の障害者」という最初の印象が、しだいに相対化されてくる。フレーベルの恩物が、実際に手にとって回してみることによって初めて、立方体という見た目の形とは違う「円柱」という性質をあらわにしたように、人も、関わりのなかでさまざまな顔を見せるものです。人と人のあいだの多様性を強調することは、むしろこうした一人の人のなかの無限の可能性を見えにくくしてしまう危険性を持っています。

このことは、裏を返せば、「目の前にいるこの人には、必ず自分には見えていない側面がある」という前提で人と接する必要があるということでしょう。それは配慮というよりむしろ敬意の問題です。この人は、いま自分に見えているのとは違う顔を持っているのかもしれない。この人は、変わるのかもしれない。変身するのかもしれない。いつでも「思っていたのと違うかもしれない」可能性を確保しておくことこそ、重要なのではないかと思います。

相手が障害を持つ人でなくても同じです。たとえばウエストンは、学生を大学の近くのホームレスのための宿泊施設に連れていったときのエピソードを語っています。施設に到着し、学生たちが緊張しながら部屋に入っていくと、テレビの近くに何人か集まっていました。そこでホームレスたちが見ていたのは、何てことはない、いつも自分たちが見ているのと同じ番組だった。「思っていたのと違う」なかに自身との共通点が見えたのです。こうしたことはもちろん、障害者やホームレスといった仕方でカテゴライズされる人たちに限らず、すべての他者に対して起こりうることでしょう。

実際に人と接しながら、つまり手で人にさわり／ふれながら倫理を考えるとは、まさにこの「思っていたのと違うかもしれない」緊張感に貫かれています。「相手はこうなのではないか」という仮説と、「そう見えているだけで実際は違うかもしれない」という不意打ちの可能性。

すぐそこにありながら、ふれることができていないものが私たちのまわりには無数にあります。もちろんここでの「さわる／ふれる」は、文字通りの触覚的な意味ではなく、実際に関わることで意外な側面に出会うという意味での「さわる／ふれる」です。私たちはすべてのものにさわる／ふれることはできませんが、しかしすぐ近くにあるいくつかのものについては、もうすこし「さわる／ふれる」技術を身につけてもよいのではないか。これが、文字通りの触覚的な「さわる／ふれる」を通して、本書で考えてみたいことです。

本章はここまで、本書が拠って立つ視点や、扱おうとしているテーマの射程について、教育論や哲学の歴史を参照しながら、やや抽象的に論じてきました。次章以降では、実際に手がものにさわったり体にふれている場面に即して、そこで起こっている出来事について、具体的に観察してみたいと思います。

第2章 触覚

目ではなく手を介した人間関係とはどのようなものか。この問いに向かうために、本章ではまず触覚の特性について考えていきたいと思います。視覚や聴覚といったその他の感覚と比較して、触覚はどのような特性を持っているのでしょうか。

議論に入る前に確認しておかなければならないのは、西洋の触覚論には偏りがあった、ということです。すなわち、触覚が語られるときには、石や木のような物を対象とした触覚が中心で、人の体を対象とした触覚はほとんど論じられてこなかったのです。あるとしてもせいぜい「自分で自分の体にさわる」という場面だけ。他人の体を対象とした触覚が登場する機会はきわめて限られていました。

一言で言うなら、西洋の触覚論は「さわる」偏重の触覚論だったのです。触覚というと物や自らの体に「さわる」ときの認識のありようが中心で、自分ではない別のだれかの体に「ふれる」経験は、蚊帳の外に置かれてきた。触覚を通じて人を感じるとはどういうことか。触覚だからこその人との関わり方とは何か。こういったことが注目されることは、ほとんどありませんでした。

「ふれる」が蚊帳の外に置かれていた原因のひとつは、それが認識論と倫理学の両方にまたがる経験だからでしょう。このことが「ふれる」を認識論にとっても、倫理学にとっても、扱いにくいものにしてきました。

確かに、レヴィナスやデリダのように、倫理の問題を触覚と結びつけて論じた哲学者もいます。「他者への曝露」など、本書の議論に通じる内容もあります。けれども、そこでなされている議論は、存在論的な傾向が強く、具体的な他者とのやりとりから立ち上がる倫理を論じたものではありません。

この不足をなんとか補いたい。ただし、蚊帳の外に置かれていたとはいえ、同じ触覚ですから、「さわる」を手がかりにして「ふれる」を考えることができるはずです。つまり、これまで西洋哲学のなかで論じられてきた触覚をめぐる議論を出発点にして、人の体に対する触覚を考えることができるはずです。

そこで、本章の前半ではまず、伝統的な西洋哲学のなかで触覚がどのように論じられてきたのかを三つのポイントを中心に整理していきたいと思います。そのうえで、触覚の対象を「ふれる」にまで拡張したときに、その三つのポイントのそれぞれがどのように更新されるのか、考えていきます。

本章後半からは、いよいよ触覚論を「さわる」から「ふれる」へと展開していきます。本章後半では三つのポイントのうちまず一つめについて論じ、残りの二つについては次の第3章、第4章で扱います。

低級感覚としての触覚――「距離ゼロ」と「持続性」

西洋哲学の文脈において触覚がどのように理解されてきたかを知るうえで、まずおさえておきたいのは、そもそも触覚が伝統的に「劣った感覚」として位置づけられてきた、ということです。

視覚、聴覚、嗅覚《きゅうかく》、味覚、触覚。人間は五つの感覚を持つと言われています。もっとも、目で見るだけでも物の質感を感じることはできますし、一部の人は音に色を感じる（共感覚）など、五つの区別はそれほど明確ではありません。ですが、その問題にはひとまずここでは立ち入らないことにしましょう。便宜的に五つに分けるとして、しかし、これらは決して対等ではなかったのです。

感覚のヒエラルキーの最上位に位置するのは、ご想像のとおり、視覚です。視覚が優位に立つのは、私たちが視覚に頼りがちだからではなく、視覚がより精神的な感覚だと考えられたから。それぞれの感覚が持つ（と人々が考えた）特性にしたがって、ヒエラルキーが与えられていたのです。

視覚が精神的な感覚であり、それゆえ最上位に位置すると考えられていたことは、たとえばプラトンの「イデア」論を見ればあきらかです。イデアという語はギリシャ語「イデイン」、すなわち「見る」に由来しています。認識の本質は、とりもなおさず「見る」ことにあると考えられていたのです。

ただし、イデアを見るのは生理的な目ではありません。それは魂が霊界にいるときに見ていたものであって、体を持った人間の認識は、不完全ながらそれを想起することによって成立している、とされるのです。プラトンは逆に、敵対するソフィストたちを「抵抗感とか接触感とかいったものを与えてくれるものしかありはしないのだと言い張[1]」ると、触覚に結び付けて批判しています。

なぜ、触覚は劣っているのか。まずあげられるのは、「距離のなさ」です。視覚であれば、対象から離れているので、対象から自己を切り離して、理性的に分析したり、判断したりすることが可能です。ところが触覚にはそうした距離がない。触覚は、対象に物理的に接触することなしには、認知が成立しないのです。ゆえに自己の欲望や快不快に直結してしまう。感覚のヒエラルキーは、大きく分けて視覚と聴覚が上位、嗅覚、味覚、触覚が下位に分けられますが、この二つのグループの線引きとなっているのが、まさにこの距離の問題なのです。

図式的にまとめるなら、視覚は人間の精神的な部分に、触覚は逆に動物的な部分に関わる感覚である、と考えられていました。たとえば、一九世紀ドイツの哲学者フォイエルバッハは、上位の感覚と下位の感覚について、端的にこうまとめています（フォイエルバッハ自身は、触覚など下位の感覚の重要性を擁護した人物です）。

触覚・嗅覚・味覚は唯物論者たちであり肉である。視覚および聴覚は観念論者たちであり精神である。眼および耳は頭脳を代表し、自余の諸感覚は腹部を代表する。（……）人間は「半分動物、半分天使」である。この動物がまさに腹部に従属した感性である。しかるに、天使たち、（……）いいかえればもっぱら空気と光りとのなかで生活し活動しているところの〈物質をもたない諸存在者〉は、眼および耳である。[2]

「腹部」とは「肉体的欲望」と言い換えてもいいでしょう。美味しそうなリンゴがなっていたら、手を伸ばしてつかみ、口に入れて食べる。目ならば「眺める」ところを、欲望にまかせて自分のものにしてしまうその動物性において、触覚やその仲間である嗅覚や味覚は「低級」とされるのです。

一方で、この距離のなさは「リスク」を伴っています。視覚や聴覚は、対象との距離があるので、見たり聞いたりすることによってただちに怪我をしたり死に至るということはありえません。けれども触覚、味覚、嗅覚の場合は、対象が刃物や毒だった場合には、認識することがすなわち怪我や死を意味します。認識にリスクが伴うという点は、触覚の弱さであると同時に、信頼の基盤になる重要な特徴です。

この「距離」の問題に加えて、触覚が視覚に劣るとされた主な理由がもう一つあります。それは、「持続性」の問題です。触覚は時間的な感覚である。これもまた、劣位を示す根拠となっていました。家具であれ、家であれ、視覚であれば、適切な距離のもとに全体を一瞬のうちに認識することが可能です。ところが、触覚の場合は、部分を積み重ねるような仕方でしか、対象を認識することができません。ゆえに時間がかかる。

この触覚の部分性をあらわした寓話が、「群盲象を評す」でしょう。大勢の人たちがそれぞれ象の体の一部を触り、「柱のようだ」「扇のようだ」などとてんでばらばらな印象を語る、というものです。もともとはインドで生まれ、仏教やイスラム教に取り入れられ、欧米にも伝わりました。本章では西洋思想の文脈にしぼって議論を進めていますが、触覚を視覚よりも劣った感覚とみなす考え方が、非西洋社会にもあったことを示すひとつの証拠です。

もっとも、実際には、必ずしも触覚は部分的なものではないようです。たとえば目が見えない人の中には、盲導犬の背中にふれるだけで、全身が想像できる、と言う人がいます。確かに言われてみると、目が見える／見えないにかかわらず、実際にさわっている箇所がどこであるかが分かれば、全体についての情報もかなりの程度入ってくるということに気づきます。触覚は、必ずしも「触った場所だけ」の感覚ではありません。

ただし、このような認知ができるのは、ある程度推測が可能なとき、つまり慣れ親しんだ対象にふれるときでしょう。初めてふれるものの全体を部分の感触から理解するのは、必ずしも容易ではありません。とはいえ、触覚が常に「部分の積み重ね」であり、「時間がかかる感覚」であると考えるのは、実態に照らし合わせると、必ずしも正確な理解ではないようです。

モリヌー問題──「対称性」

このように、触覚は伝統的にその「距離のなさ」や「時間がかかる」という特徴から、下級の感覚として位置付けられてきました。しかし、なかには視覚とは異なる特徴を持つという点で、触覚に独自の価値を見出した哲学者もいます。触覚について論じられてきた三つめの特徴は、このポジティブな文脈から出てきたものです。

触覚に独自の価値を見出した代表的な論者のひとりに、一八世紀フランスの哲学者コンディヤックがいます。そもそも一七世紀終わりから一八世紀にかけては、いまだかつてないほど、触覚が注目を集めた時期でした。というのも、当時、ライプニッツ、ロック、バークリ、ディドロなど時代を代表する哲学者たちが参戦した、触覚に関する有名な論争があったのです。この論争は、最初にそれを問うた人物の名をとって「モリヌー問題」と呼ばれています。

弁護士で光学の専門家だったウィリアム・モリヌーが、ロックへの手紙の中で提示したのは以下のような問いでした。「生まれながらの視覚障害者が、ある日手術によって視力を回復したとする。この人物は、それまで手で触って区別していた四角い物体と丸い物体を、目で見てただちに区別できるか」。モリヌーの妻は結婚後に失明しており、そのことがこうした疑問を抱くきっかけになったと考えられます。

モリヌー問題は、ひとことで言えば、触覚のみで認識していた対象を、人は瞬時に視覚のみによって認識することが可能か、という問いです。この問いが当時の哲学者たちの関心を集めたのは、その背後に、「大陸合理論」vs.「イギリス経験論」というより大きな思想的対立があったからでした。

大陸合理論は、人間は生まれながらにして理性を備え、球や立体といった基本的な観念を持っていると考えます。この考えに従えば、触覚を使おうが、視覚を使おうが、球や立体を認識できるはずですから、モリヌー問題への答えは「YES」となります。たとえばライプニッツはこちらの立場をとりました。

これに対してイギリス経験論は、人間はタブラ・ラサ（白紙）の状態で生まれ、次第に経験のなかで知識を獲得していくのだ、と考えます。これに従うなら、生まれてから触覚で学んだのか視覚で学んだのかが重要な意味を持ちますから、モリヌー問題への答えは「NO」になります。ロックやバークリはこちらの立場をとりました。要するに、モリヌー問題は、大陸合理論の支持者とイギリス経験論の支持者がそれぞれの主張を戦わせる、格好のネタになっていたのです。

　ここでは論争の詳細には立ち入りません。あえて「ネタ」という言い方をしたのは、ここでなされている議論が、実際の私たちの認知のあり方や目が見えない人の触覚の使い方とは必ずしも一致しない、あくまで哲学的な関心が先行したものだったからです。

　たとえば、自身も視覚障害者でありUCバークレーで教鞭をとるジョージナ・クリーグは、哲学が扱うこうした現実ばなれした視覚障害者を「架空の盲人」と呼んで批判しています。現実世界では匂いや音の情報ぬきの「純粋な触覚による認知」などありえないし、実験室でもないかぎり「一定の位置から動かずに見る」などということもありえない、と。[3]

　とはいえ、各論で見ていけば、この議論のなかで触覚についての興味深い分析が見られるのも事実です。なかでも本章で注目したいのは、経験論の立場をとっていたコンディヤックの指摘です。

　コンディヤックは、その『感覚論』（一七五四）のなかで、自分で自分の体のあちこちにふれるところを想定して、こう述べます。「いたるところで固さの感覚が、互いに排除しあいつつも隣接しあう二つのものを表象せしめ、そしてまたいたるところで、その感触を感じているのと同じ存在が（……）『これは私だ』、『これもまた私だ』と答えるのである」。[4]

　つまり、私たちが自分の体にふれるとき、それは同時に「ふれられているのは私だ」という感覚をもたらします。私が私にふれるときは、私は私によってふれられてもいる。この触覚に特有の主体と客体の入れ替え可能性を、本論では触覚の「対称性」と呼びたいと思います。

　この対称性は、その後、二〇世紀にメルロ゠ポンティが好んでとりあげたことでも知られています。注意しなければならないのは、私は主体でも客体でもありうるけれど、同時に主体でありかつ客体であることはできない、ということです。「仮に私の左手が右手に触れ、そしてふと、触わりつつある左手の作業を右手で捉えようとしたとしても、身体の身体自身に対するこの反省は、きまって最後には失敗する。私が右手で左手を感ずるやいなや、それに比例して、私は左手で右手に触わることを止めてしまうからである」[5]。

興味深いのは、コンディヤックにとって、この対称性が「体をもった物理的な存在としての私の発見」という形で経験されていることです。私が、単なる精神ではなく、固有の空間を占める物体として世界に存在していること。このことは、裏を返せば、私が体として存在していることは、「発見」されなければならないほど、ときに曖昧になりうるものなのだ、ということを示しています。触覚は、そのような曖昧さのなかにある私に、明確な輪郭を与えてくれます。触覚は、「魂を自己の外へと脱出させる感覚」なのです。

もっとも、コンディヤックにとっての体の発見は、体がないと仮定するところから思考を進める思弁的な操作の一段階でした。しかし実際に、私たちは自分の体の輪郭を見失うということがありえるのではないでしょうか。そして、そこからの復活にやはり触覚が重要な役割を果たします。

たとえば双極性障害II型で入院した経験をもつ歴史学者の與那覇潤は、うつ転（躁状態からうつ状態への急変）のときの感覚を、「自己の輪郭の急激な変化」として語っています。「身体を離れて無限に広がっていくかにみえた『自分』というものの輪郭が、あるとき、引っぱりすぎたゴムひもが切れたかのように、いきなり破綻してもとの身体の大きさまで縮んでしまう」。躁状態のときは、体の物理的な境界を越えて、自分が無限に拡張していくように思えた。それがうつ状態に入ると、急に反転して一気に縮小し始めたのです。

そこから先はひたすら、失った自己の輪郭を探す時間でした。うつになった人が布団をかぶって閉じこもるのは、「いまある自分の身体というかたちの、自己の輪郭をもういちどはっきりさせようという衝動が、そういう行為をとらせたのではないか」[7]と與那覇は言います。じっと動かず、布団の中で体を折りたたむ。その全身の触覚が、己の存在を確かなものとして取り戻す手がかりになっています。

布団だけではありません。うつに転じてから二年以上後から、與那覇はプールに通うようになります。ランニングやヨガにしなかったのは、空気の中にいるより水の中にいるほうが抵抗があるので、物理的な体の輪郭を実感できるから。「身体を動かすごとに自分の輪郭がいきいきと感じられて、いまの私にはいちばん心が落ちつく」[8]。

病のときほど危機的ではないにしても、私たちは、日々の生活のなかで自分の輪郭を見失い、不安にかられることがあります。そんなとき、ふと何かに包まれたり、何かを抱きしめたりすることで、精神的な安心を得たり、確かさの感覚を取り戻したりすることがあります。さわることでさわられ、そのことによって自分の存在を確認する。私たちが輪郭を見失ったとき、触覚の対称性が、確かな安らぎを与えてくれます。

触覚論が人の体にふれるには

このように見てくると、西洋哲学においては、触覚は伝統的に「視覚のカウンター」として位置付けられてきたということが分かります。「視覚とは違って○○」という仕方で、視覚との対比において理解されてきたのです。

触覚は、視覚とは違って、対象と物理的に接触する「距離ゼロ」の感覚である。かつ、認識に時間を要する「持続的な」感覚であり、それゆえ視覚よりも劣っている。一方で、さわる主体がさわられる客体にもなりうるその「対称性」において、視覚とは異なる独自の特性を認められてもいた。

ただし、章の冒頭で述べたように、こうした議論は基本的に、石や木のような物体に「さわる」場面、あるいは自分自身の体に「さわる」場面を想定したものであり、他者の体に「ふれる」場面は、議論の埒外に置かれていました。

当然、こうした「さわる」をめぐる議論を、そのまま「ふれる」場面にあてはめることはできません。けれども、「さわる」は「ふれる」の出発点になりえます。ここまで論じてきた触覚の三つの特徴を再定義することで、「人にふれる」技法を明らかにできるはずです。

以下、本論の構成は、この再定義された三つの特徴に沿って展開します。各章の内容とあわせて、三つの特徴がどのように再定義されるのか、ここで簡単に整理しておきたいと思います。

まず「距離ゼロ」について。さまざまな事例を見ていくと、人にふれる場面の触覚は、必ずしも相手の体の「表面」についての知覚でないことが分かります。つまり、相手の肌がすべすべしていることや衣服の材質を感じ取ることが、人の体にふれることではない。というか、むしろ倫理という意味では、そうした性的な感覚に結びつきがちな表面の知覚にとどまらないようにすることのほうが、重要であるように思います。これについては、本章の残りの部分で分析します。

次に「持続性」について。ものの形状や大きさの把握という意味では、認識に時間がかかるということはデメリットかもしれません。けれども、倫理にとって重要なのは、相手の体の形状や大きさを把握することではありません。だとすれば、必ずしも持続性はデメリットにはならないでしょう。むしろ持続的であることによって、「ふれながら関わる」ような余地が生まれる。ここにあるのは、「コミュニケーション」の問題です。順番が前後しますが、これについては第4章で分析します。

最後に「対称性」について。自分の体にさわる場合であれば、左手が右手をさわっているのか、右手が左手にさわられているのか、その入れ替わりを意識の志向性しだいで自由にスイッチすることができます。けれども人が人にふれる場合には、どちらが主体でどちらが客体になるのか、その関係は必ずしも対等ではありません。特に、ふれられる側は、大きな不安を感じることがあるでしょう。ここにあるのは「信頼」の問題です。これについては、続く第3章で扱います。

触感はさわり方しだい

さて、それではさっそく具体的な分析に入りましょう。まず一点目、本章の残りの部分では、従来触覚のもっとも基本的な特徴と考えられてきた「距離ゼロ」という特徴について、人にふれるという場面を想定しつつ、あらためて考えなおしてみたいと思います。触覚は本当に、「距離ゼロ」の接面だけの感覚なのでしょうか。

まず確認したいのは、「さわる」であれ「ふれる」であれ、触覚はさわり方しだい、あるいはふれ方しだいだ、ということです。

私たちはすでに第1章で、教育学者のフレーベルの議論を見ました。触覚は非精神的な感覚である、という伝統的なヒエラルキーに真っ向から逆らうようにして、フレーベルは、幼児の発達にとっていかに「手にとって動かす」ことが重要であるかを強調していました。発達途中の子供にとって、石や木を実際にさわり、それをくるくる回したりこすりあわせたりすることは、非常に重要な意味をもつ。なぜなら、実際に手にとって動かすことによって、そのものの見えていなかったさまざまな性質が引き出されてくるのだから。

同じことが触覚一般にも言えます。つまり、さわることによって、そのものが持つある性質が引き出されるのです。たとえば大福をさわるとき、私たちは大福の客観的性質としての柔らかさを認識しているのではありません。むしろ、さわるという行為によって引き出された大福の柔らかさを感じている。言葉にするとややこしいですが、要するに、触覚は「さわる」(あるいは「ふれる」)という身体運動の結果として得られる、ということです。

このことは、別の言い方をすれば、さわり方が変われば、引き出される性質も変わるということを意味します。大福だって、表面をなでるようにふれれば、感じられるのは柔らかさというより乾いた粉っぽさでしょう。工学、心理学、アートなどの観点から触覚のさまざまな魅力を論じた『触楽入門』のなかで、仲谷正史らは端的にこう述べています。「触感は『触り方』でもある」[9]。

たとえば畳にさわるとき。手のひらで表面をなでるにしても、畳の目と並行になでればツルツルした触感に、逆らうようになでればザラザラした触感になります。手のひらでなく指一本でさわればい草の繊維をより細かく感じることができますし、寝そべってほっぺたを押し付ければ、ひんやりした心地よさにしばらくじっとしていたくなります。上に立っているときには、足裏でふれる、というよりは「乗る」ことになり、とくに板張りの部屋から移動した瞬間などは、その柔らかさと弾力を強く感じます。

仲谷らは、対象についての情報と、それを得ようとするときのさわり方（触探索動作）のうち典型的なものを六つあげています[10]。もちろん、これらは独立したものではなく、相互に組み合わせることが可能ですし、「テクスチャ」と「硬さ」のように明確に区別するのが難しいものもあります。また、この六つ以外にもたくさんのさわり方があるでしょう。

- テクスチャ…表面をなでる
- 全体の形…両手で包み込むように触れる
- 細かな形（エッジ）…輪郭をなぞる

・硬さ…圧をかけて押し込む
・重さ…手のひらで受ける
・温度…手を置いて静かにする

たいていの場合は、とくに考えなくても、人は、自分の知りたい情報にあったさわり方を選んでいます。アボカドの硬さを知りたければ「圧をかけて押し込む」でしょうし、熱があるか確認するときには「おでこに手を置いて静かにする」。もちろん、「表面をなでようとしたら熱くて手をひっこめた」といったミスマッチが起こることもあるでしょう。

いずれにせよ、重要なのは、さわる対象に客観的な性質があるのではなくて、さわるという身体運動の産物として、対象についてのある情報が引き出されてくる、ということです。さわり方しだいで引き出される情報が違う。私たちの問いに帰るならば、だからこそ、「さわる技術」ということも問題になる、ということです。人の体にふれるとき、私たちは、どんな情報を取り出せばよいのか。その体にふれることで、私たちは相手について何を知ればよいのか。それによって、「ふさわしいふれ方」は変わってきます。

ヘルダーの触覚論

では、さまざまな「情報の引き出し方」があるなかで、「人にふれる」とはどのような触覚なのでしょうか。

ここで注目したいのは、ドイツの哲学者ヘルダーによる『彫塑論』(一七七八)です。なぜならヘルダーは、西洋の触覚論のなかでは例外的に、「生命」という観点から触覚について論じているからです。もっとも、ヘルダーは必ずしも具体的な他者にふれる場面の分析に主眼を置いているわけではありません。けれども、金属や木でできた物、あるいは自身の体にふれるときには語られない、「生」という問題にフォーカスしている点で、私たちの議論にとって大きな示唆を与えてくれる存在です。

題名のとおり、本書は彫刻を主題とした触覚論です。ヘルダーは大学で神学を学んだあと、リガ(現ラトビアの首都)の大聖堂の説教師になりました。しかし二〇代半ばでリガを離れ、フランスへ旅に出ます。『彫塑論』には古代の彫刻作品が登場しますが、ヘルダーはこの旅のあいだにさまざまな彫刻を鑑賞する機会があったと考えられます。

従来、彫刻は絵画と同じように視覚的な芸術であると考えられてきました。けれどもヘルダーはこの常識をくつがえし、彫刻は触覚的な芸術であると主張します。フランスへの旅の船上で記された日記を読むと、そこには早くもこう書きつけられています。「絵画は視覚のために、彫刻は触覚のために」。ただし、『彫塑論』が出版されるのは、ヘルダーが旅に出てようやく九年後のことになります。

彫刻を触覚的な芸術として再定義する中で、ヘルダーは、触覚そのものの見方も大胆に刷新していきました。それまで、触覚は「形をとらえる感覚」だと思われていました。しかし、触覚は単に形をとらえるだけではない、とヘルダーは言います。触覚には、視覚や聴覚にはない、人間がこの世界で生きていく上で重要な役割がある、と。

旅日記の最後でヘルダーは言います。「この触覚の哲学を研究するためには、私は盲人となって手さぐりする人間にならねばならない。そうすれば、もうどれほどか新しい道に来ているのだと私は思う。それをしらべてみよう」[11]。もっとも「盲人になる」というヘルダーの試みが、現実の視覚障害者の実態をどれほど反映したものなのかは、「モリヌー問題期」の論者の議論同様、差し引いて考える必要があるでしょう。ですが、少なくともヘルダーはここで、彫刻を理解するためには、視覚を離れ、触覚の可能性にどっぷりつかることが必要である、と宣言しています。

ヘルダーが視覚を排することで見出したものは何か。それは触覚の「深み」でした。

ヘルダーはまず、視覚、聴覚、触覚のそれぞれを次のように定義します。[12]

視覚＝対象を「横に並んでいるもの」（nebeneinander）として捉える感覚
聴覚＝対象を「時間的に前後するもの」（nacheinander）として捉える感覚
触覚＝対象に「内部的にはいりこむもの」（ineinander）として捉える感覚

まず視覚について。視覚が対象を「横に並んでいるもの」としてとらえる、というのは分かりやすいでしょう。同じ一つの空間に、異なる対象が同時に存在することはできません。複数のものが異なる位置を占め、それらの間にある空間的関係が生じている。それを把握するのが視覚です。

視覚に対応する芸術は言うまでもなく絵画です。絵画とは、無味乾燥な言い方をしてしまえば、平面の上に描かれた色面の空間的関係を読む芸術、と言うことができます。ヘルダーより後の時代ですが、最初期の抽象画家マレーヴィッチのノートを見ると、四角形や線といったシンプルな幾何学図形を、さまざまな順番、さまざまな傾きで配置する膨大な実験が見られます。空間的な並びしだいで、無数の意味が生まれてくることが分かります。

次は聴覚。聴覚は時間的な関係をとらえる感覚です。これに対応する芸術はもちろん音楽です。同じ音の集合でも、それをどのような順番で鳴らすかによってまったく異なるメロディが生まれます。もっとも、メロディが理解できるためには、消え去った音は完全に消えてなくなるのではなく、人間の意識に残り続けている必要があります。

目の見えない人の中でも聴覚ベースで生きている人と話していると、世界のとらえ方がとても時間的だなと感じることがあります。例えばある全盲の男性は、柵の横を通ると「音的なしましま感」を感じると言います。柵の棒がないところを通るときは周囲の環境音がそのまま聞こえてきますが、逆に棒があるところでは環境音が遮蔽されて聞こえにくくなる。つまり音のオン・オフがあるのだそうです。その人は「時間微分」という言い方をしていましたが、歩くなかで起こる聞こえの時間的な変化こそが、彼らにとっては情報になります。目が見えると柵は空間的な構造としてとらえていますが、目が見えない場合には柵は時間的な構造なのです。

内部的にはいりこむ感覚

問題は触覚です。視覚と聴覚の明快な定義に比べると、ヘルダーの触覚の定義はいささか不可解です。曰く、「触覚とは内部的にはいりこむものである」と。これはいったいどういう意味でしょうか。

不可解さの原因は、ヘルダーが触覚を「内部」と結びつけていることです。これは「距離ゼロ」という伝統的な触覚観とは、まっこうから対立する見方です。言うまでもなく、手はその対象について外側からしかアプローチできません。石をさわって文字通り石の内部に入ることはできませんし、逆に水のように入り込むように思えるものの場合には「内部」という表現がしっくりきません。ヘルダーが触覚と結びつけて論じる彫刻に関しても、もし本当に内部を知ろうとしたならば、像を破壊することになってしまいます。

触覚の力を説明するにあたって、ヘルダーは読者にひとつの思考実験をしてみるように促します。想定されているのは、彫刻家が彫像を作ろうとしている場面。ただし、この思考実験は、手の感覚を通して想像することが条件になっています。なぜなら、それこそが彫刻家のやり方だからです。ヘルダーは言います。「われわれは、ある形、ある肢体がすぐれた意味を示すべき場合にはいつでも、それが当然他者にたいしても何ほどか現われ出ることを見いだす。それはいわば、自分自身を呈示し、それもまず第一に、特に、さわる手に呈示する」[13]。以下がその内容です。

アポロが怒りをおぼえて、あゆみ出したとしてみたまえ。たちまち、彼の身体のさまざまな部分がむくむくとあらわれ出て、自己の目的に向かうあゆみと高貴な自負心とを暗示する。鼻は荒々しい息づかいをして、あたりを払うばかり。胸は、美しい鎧さながら、堂々ともりあがり、ひどく長い太腿が勇ましく踏み出す。ほかの肢体は、いわばつつましげに引きこもるが、これらの部分は行動の主役ではないからだ。ある姿が、口を開いて、求め、乞い、願い、嘆願するとする。するとその口は、思わず知らずおとなしく前に突き出され、口もとに、息吹き、祈り、欲求、願望、接吻の気配がただよう。耳が聞いているときは、この、彼の暗示的動作が耳にまでおよぶ。[14]

身体諸部分の調和的な関係、というだけなら芸術論としてそれほど珍しいものではありません。ヘルダーに大きな影響をあたえたディドロも、絵画について同じようなことを語っています。ヘルダーの面白いのは、やはりそれを視覚ではなく触覚と結びつけたところ。ヘルダーは、さわる手に対しては対象がみずから語り出す、と言います。「行動する肢体の形はつねに語っている、『おれはここにいるぞ。おれは活動しているんだぞ』と[15]」。「おれは活動しているんだぞ」と語る体。ここで重要なのは、さわる手に対しては（1）対象がみずから語り出すということ、そしてこの語りにおいて、（2）動きのレベルで対象がとらえられていることです。

（1）は、先に確認した「触感はさわり方しだい」という触覚の特徴に通ずる点です。どのようにさわるかによって、対象は異なる性質を見せる。こちらのさわるというアクションに応答するかのように、対象が、それまで見えていなかった性質について語り出す。ヘルダーは、さわり方の違いについては論じていませんが、さわる手の動きと対象の語りの相関については「内面的共感」という言葉で語っています。「内面的共感、すなわち、人間的自我のいっさいを姿のなかへすみずみまでさわりながら移していく触覚、これのみが美の教師であり、美を生み出す方法なのである」[16]。

（2）については、先の思考実験のくだりで、必ずしも文字通りの運動ではなく、何かをしようとする衝動や感情の気配、あるいは数学でいうベクトルのようなものが想定されていたことが興味深い点です。「勢い」のようなもの、まだ具体的な四肢の運動や表情としては現れていないけれど、そこにつながる予感の部分までをもとらえるのが手だと、ヘルダーは言うのです。

この（1）（2）の二つをまとめて、ヘルダーは「生命」あるいは「魂」という言い方をします。外から見たときに目が奪われるプロポーションや色ではなく、内部にあるもの、奥にある「たえず動いてやまない流れ」を手はとらえるのです。「彫刻は内へ内へとはいりこんで仕事をする。存在し永続せよとばかり、生命をおび、魂にあふれた仕事である」[17]。ヘルダーはさらに続けます。

人はただ、存在し、感知しさえすればいいのである。ひたすら人間であることだ、どのような性格、どのような姿勢や情念にもひそむ魂が、われわれ自身の内部に働いていることを、目を用いずに感得し、それから手でさわってみることだ。これこそ、声高に語る自然のことばであり、あらゆる国民、それればかりか、目が見えない人にも耳の聞こえない人にも聞きとれることばなのだ。[18]

自然が作り出したものの内部にある、生命や魂のたえず動いてやまない流れ。この「自然のことば」を聞くことが触覚の役割であり、それを形にするのが彫刻という表現であるとヘルダーは言います。視覚は表面にしか止まることができないのに対し、触覚はさらにその奥に行くことができる。触覚は「距離ゼロ」どころか、「距離マイナス」なのです。生き物の体は、視覚にとっては見通せない不透明なものですが、内部の流れを感じることのできる触覚にとっては、むしろ透明なのです。

もちろん、彫刻の鑑賞は通常は視覚によって行われ、像にさわることは特別な機会でない限り禁止されています。ヘルダーもそのことを前提に議論を進めています。曰く、彫刻愛好家は低く腰をかがめて像のまわりをうろつき、「視覚を触覚と化す」つまり「あたかも暗がりのなかで手さぐりをするかのように見」ようとする、と。[19] さわることは叶いませんが、視覚を触覚のように用いつつ、彫刻家が手を通してとらえようとしたものを、つかもうとする。あくまで根本に触覚があることは変わりません。

「じゃれあい」か「力くらべ」か

このように、ヘルダーの触覚論は、触覚を「距離ゼロ」の表面を越えてその奥、「距離マイナス」

の「対象の内部をとらえる感覚」とみなすという点で、非常に示唆的なものです。「表面ではなく奥」というベクトルは、「ふれる」という触覚のあり方が、「他の対象との区別や比較」ではなく、「その一つの対象への没入」に向かうものであることを示しています。

もっとも、「生命」や「魂」といった言葉づかいは、現代の私たちからすると曖昧なものに感じられるかもしれません。ヘルダーがこのような言葉を用いる背後には、当然、一八世紀末のロマン主義の影響があるでしょう。

しかし、この点を差し引いたとしても、ヘルダーの「内部をとらえる感覚」としての触覚のあり方は、十分理解可能なものであるように思います。私たちは人の体にふれるとき、確かにその内部にあるものを、その奥にあって動いている流れを感じ取っています。

たとえば向こうから走ってきた子供を抱きとめるとき。その子供が腕をすり抜けて再び走りだそうとしているのか、それとも腕の中で安心したがっているのか、私たちは、子供の中にある意思の動きを、その体にふれることによって、感じ取ることができます。そこから、子供の感情も読み取ることができるでしょう。足をふんばり、腕に対して反発するような力が入っているならば、その子供は一緒に遊びたがっているにちがいありません。逆に力が抜けてこちらの腕に体重を預けてくるなら、安心したがっているか、しばらく安全な腕の中で「充電」したいかです。

もっとも、通常は子供の表情や声も入ってくるので、純粋に触覚的に判断することはまれでしょう。けれども、仮に視覚や聴覚の情報がなくとも、私たちは子供がどうしようとしているのかを感じ取ることができます。しかも触覚を通じて伝わる情報は、しばしば、視覚や聴覚を通じて伝わる情報よりもより繊細なニュアンスを含んでいます。口では「離して！」と言っていても、ふんばる力がそれほどでもなければ、その子供が欲している遊びのモードは、「じゃれあい」であって「力くらべ」でないことが分かります。

そう、私たちは人の体にふれることで、その表面についての情報、つまりその人の肌の柔らかさやすべらかさといった物理的な質についての情報を得るだけでなく、いままさに相手がどうしたがっているのか、あるいはどうしたくないと感じているのか、その衝動や意志のようなものにふれることができるのです。これこそ、ヘルダーが「生命」や「魂」と呼んでいた、体が見せる生々しいうごめきにふれる触覚です。

「色を見る」と「人にふれる」

哲学者の坂部恵が「ふれる」と「さわる」の違いに注目したのは、まさにこうしたヘルダーの議論を読み込む作業を通してでした。坂部は、ヘルダーの触覚論のうちに、単なる感覚的な経験を超えて「宗教的、形而上学的感覚といった次元」に至る通路を見出したのです。「ふれるという経験は、いうまでもなく、触覚に限られるものではな」い、と坂部は言います。それは「より根源的な（……）おそらくはすべての感覚におよぶひろがりをもった基層にあるものにほかならない」[20]と。

序で言及したように、坂部が特に注目するのは、触覚の「内部的にはいりこむ」性質が、本論で言うところの「対称性」に結びつく地点です。坂部は、この二つをまとめて「相互嵌入」と呼びます。「ふれることは直ちにふれ合うことに通じる」と坂部は言います。この「相互嵌入の契機」、「いわば自己を超えてあふれ出て、他者のいのちにふれ合い、参入するという契機[21]」が、「さわる」にはない、「ふれる」ならではの深みを作り出すのである、と。

ふれることが持つこの相互嵌入の深みは、触覚をめぐる独特の言葉づかいにあらわれている、と坂部は言います。触覚以外の五感に関しては、一般に、「色を見る」「音を聞く」「臭いを嗅ぐ」「甘さを味わう」というように、対象をあらわす助詞として「を」を用います。ところが、「ふれる」に関してだけ、「額にふれる」などと「に」が使われるのです。

このように「に」が用いられるのは、「ふれる」が、その他の感覚とは違って、主体と客体を明確に分離せず、内部に入っていく感覚だからだ、と坂部は言います。「宇宙を初めとする全体的な力動的な場の切り口を通じて、その全体的な布置を一息のうちにおしはかり、感得する、そうした場における生起、ないしは場のいのちとのふれ合い、これこそがふれるという経験を特徴づけるものにほかならない[22]」。

こうした坂部の議論はいささか観念的で、本書が「倫理」という言葉でとらえようとしているような具体的な内容とは、いささか方向性が異なるものです。よってこれ以上、その議論を追いかけることはしませんが、最後に一点指摘しておきたいことがあります。

それは、坂部がヘルダーについて論じた『「ふれる」ことの哲学』（一九八三）の三年後に、和辻哲郎論を著していることです。和辻といえば「間柄」をめぐる倫理学が知られています。実は坂部は、『「ふれる」ことの哲学』の相互嵌入に関する注で、すでに和辻のことを指摘しているのです。ただし、その指摘は和辻に対してやや批判的です。「『間柄』のありかを『人と人の間』だけにかぎった和辻哲郎の『人間の学』が、『間』の学としてはややせますぎるきらいがある」[23]。

つまり、坂部は、ヘルダーの「内部的にはいりこむ」触覚的な他者関係を通して、人と人の「間」だけにフォーカスする和辻の「間柄論」を相対化する視点を得ていたことになります。これは触覚と倫理をつなぐ、重要な指摘です。

ラグビーのスクラム

さきほど例としてあげた、子供を抱きとめるときのフィジカルなやりとり。これをスポーツの要素として洗練させたのが、ラグビーのスクラムでしょう。スクラムでは、選手同士が体を密着させ、敵と味方で押し合いながらボールを奪い合っています。

しかし、当然のことながら、スクラムのあいだは頭が下を向いているので、他の選手の動きを視覚的に追うことができません。そこで、触覚を用いてまわりの選手の動きを把握することになります。

名門・筑波大ラグビー部で監督をつとめた古川拓生さんは、味方の選手同士で「感覚を伝え合う」ことが重要だと言います。そのとき、使うのは「お尻」です。「『味方を感じる』のは、お尻の部分なんです。前に押そうとしても、後ろの選手と一緒に上手く縦方向に力を伝えないといけない。味方同士で自分たちの感覚を伝え合うんですね」[24]。つまり、スクラムにおいては、後ろにいる味方と力を合わせなければならない。彼が押そうとしている方向をお尻で感じ取って、それと同じ方向に自分も力をかけていく。まさに触覚を通して、相手の意志を感じ取っています。

興味深いのは、スクラムにおいては、味方だけでなく敵の意志も触覚を通して感じ取らなければならないことです。なぜなら、相手が押そうとする方向を感じ取りつつ、こちらはちょうど反対方向から押し返さないと、そもそもスクラムを「組む」ことができないから。古川さん曰く、ラグビーは「相手選手と自分の共同作業」なのです。この敵の力は、前から来るので、主に「首」で感じると言います。お尻で味方の意志を、首で敵の意志を感じ取り、それを手がかりに自分の力の入れ方を調整するのです。

しかもスクラム全体でみれば、力は綱引きのように一次元的に両側から拮抗しているのではなく、二次元のウェブ状に広がっています。当然、押し合いながら、敵の弱い部分を狙ってそちらに押していったり、逆に味方の弱い部分をカバーしたりするでしょう。ラグビーにおいては、戦略の作戦会議そのものも、触覚を通してなされていくのです。

あるいは、「奥にある流れをとらえる」という意味では、触覚がとらえるのは必ずしも命あるものの動きだけではないように思います。たとえば、同じスポーツでもセーリングは、自然そのものと触覚的に関わる種目であると言えます。

九歳でセーリングを始め、現在は研究者の立場からセーリングに関わっている久保田秀明さんによれば、セーラーは体に直接風が当たっていなくても、いま風がどのように動いているかが分かる、と言います。[25] 達人レベルになると、船室で寝ていても「いまの風に見合うような加速がないな」などと一瞬で気がつくことができるそう。つまり、セーラーは船室にいながら、海、そして船体を通して、自分を取り囲む大きな風の動きにふれているのです。海や船が透明化する、まさに「奥にある動きを感じる触覚」です。

しかも相手は風ですから、動きはより複雑に、三次元的に感じ取らなくてはなりません。お尻で感じる船の挙動や加速感、さらにはロープから伝わる帆の張り具合などを通じて、風がどこから吹いて来ているのかを感じ取るのです。競技用の船では、帆の表と裏に同じように風が流れていることが重要になります。表と裏のバランスが悪いと帆がバサバサと振動してしまうので、ロープを通じて、そうなっていないかを確認します。

ラグビーと少し違うのは、船の舵は切った瞬間にすぐ効くわけではない、ということです。セーリングには「当て舵」という発想があり、波の動きや傾きを読んで小刻みに舵を当て、船がフラフラと前後左右に傾くのをふせぎます。ところが、この当て舵をするのに、舵を切ってからボディがその操作に従うためのタイムラグを考慮に入れなければなりません。

久保田さんによれば、そのタイムラグは、およそ〇・五秒から一秒とのこと（どのくらい敏感に反応するかは、船が走っているスピードや重さによって変わるそうです）。つまり、反応にかかる時間も加味して、風や波の動きを予測しながら、先回りして舵を切らなければならないのです。セーリングはこのように「ディレイを含み込んだ触覚のスポーツ」であると言えます。

距離があるほど入っていける

さて、このように「ふれる」触覚は、物理的には「距離ゼロ」で相手の体に接触するとしても、知覚はその表面にとどまらず、「内にはいりこむ」性質を持っています。このことは、裏をかえせば、「ふれる」は物理的に距離があるほど、つまり相手の体との接触が間接的であればあるほど、表面の知覚にまどわされずに、純粋に内にはいりこんでいける、という可能性を示唆しています。距離があるほど、逆説的にも入っていけるのです。

どういうことか。とりあげたいのは、以前、京都造形芸術大学（当時）で行われた、とあるダンスのイベントでの出来事です（「BONUS 第三回超連結クリエイション」、二〇一六年一月二四日）。もっともこのイベントは、ダンスといっても、いわゆるバレエやモダンダンスの公演のようなものではありませんでした。決められた振り付けが披露されるのではなく、体そのものについての実験が舞台上でデモンストレーションされる、研究の成果発表のようなイベントでした。

イベントでは、全部で三つのデモンストレーションがなされました。その中でも私が特に感銘を受けたのは、冒頭の、振付家・ダンサーの砂連尾《じゃれお》理《おさむ》と、小児科医で脳性まひの当事者でもある熊谷晋一郎のセッションでした。

二人のデモンストレーションは五〇分ほど続きました。二人はさまざまな仕方でお互いの動きや体の違いを確認し、そのつど気づいたことを言葉にしていきます。「距離があるほど入っていける」が起こったのは、後半、二メートルほどの木製の棒が、二人の間に持ち込まれたときでした。この棒が、二人を間接的に接触させるツールとなりました。

砂連尾理と熊谷晋一郎によるセッション（2016年1月24日）

熊谷は電動車椅子に乗ったまま、棒の一端を右手首の手の甲側に当てます。一方の砂連尾は立った姿勢で腰をかがめ、棒の反対側の一端を左手で持ち、あるいは手のひらに当てて押し返すようにします。つっぱり棒のような状態を保ったまま、わずかに押したり引いたりの攻防を繰り返す二人。はたから見ると、ちょうど「綱引き」ならぬ「棒押し」をしているような感じに見えました。

ところが、二人がこのやりとりから受け取ったものは、はたから見えたものとはかなり違っていました。セッション直後の対話で、熊谷は言います。「このやりとりは、砂連尾さんの材質みたいなものが伝わってくる」。一方の砂連尾は言います。「こんなに揺らされるとは思っていませんでした。熊谷さんから、こんなに微妙な振動が来るとは思っていなかった。（……）棒を使うまでは、この振動は分かりませんでした」。

さらに、その後のとある研究会の席で、砂連尾はこのときのことを振り返ってこう話しています。

棒を使って接触することによって、その人の関わろうとする気持ちというか、手の表面の奥側にあるものが、もっと露わになったという感じですね。熊谷さんの押し方が、あの棒を使って僕を揺らしながら、僕がいったいどういうふうに関わってくるのかというのを非常にさぐっていました。それはビジュアルからは分からない手つきでした。[26]

ここで二人は、直接相手の体にふれるのではなく、棒を介して相手に間接的にふれています。しかし、そうすることによって「手の表面の奥側にあるものが、もっと露わになった」と砂連尾は言います。まさに距離をとることによって、中に入ることができた。もちろん、相手の体に直接ふれることによって得られる情報もあるでしょう。けれども、棒をあいだに挟むことでやりとりの自由度が限定され、かつ肌ざわりなど表面についての情報が入ってこなくなります。その結果、逆説的にも、その奥にあるものに到達しやすくなっているのです。

そこで砂連尾が得た情報は、視覚的に見て感じていた熊谷についての理解を裏切るものでした。まさに、あのフレーベルの「恩物」のように、ここで砂連尾は、そしておそらく熊谷も、ふれることによって相手の意外な一面に出会っています。

一般的に、人の体にふれることは、しばしば「安心」「リラックス」といった感情と結びつけられます。「ふれあい」などという言葉がもつイメージも、まさにそのようなものです。もちろん、習慣的にふれている相手であれば、それは「安心」や「リラックス」を生むでしょう。

けれども、そうでない場合、つまり「まなざし」を通しては知っていても触覚的な関わりのなかった相手にふれる場合には、しばしば「出会い直し」のようなショックを経験することになります。「手の表面の奥」に感じたその人が、思っていたイメージを裏切るという「不意打ち」や「意外性」。特に、熊谷のように表面上の体の動きが健常者に比べて少ない人と接触する場合には、その驚きはいっそう大きくなるでしょう。ふれあいが常に「安心」や「リラックス」でないことは、倫理を考える上では非常に大切です。

さて、ここまで本章ではまず、西洋哲学のなかで触覚がどのように論じられてきたかを整理しました。触覚は伝統的に、五つの感覚のなかでも「劣った」感覚であると位置づけられており、具体的には視覚との対比のなかで、「距離ゼロ」「持続性」「対称性」といった特徴が注目されていたことを確認しました。

ただし、こうした西洋の触覚論は、基本的に「さわる」を念頭においた議論であり、「ふれる」への言及がほとんどありません。そこで本章の後半では、三つの特徴のうち最初の「距離ゼロ」をとりあげ、「ふれる」場面を念頭におきながら、検討しなおしました。その結果見えてきたのは、触覚が実は「距離ゼロ」ではなく「距離マイナス」であること、つまり、対象の内部にある動きや流れを感じ取る感覚である、ということでした。

次章では、引き続き三つの特徴のうち「対称性」について、「ふれる」という観点から考え直してみたいと思います。その際に注目したいのは、先に述べたとおり、「信頼」という概念です。さわるに関しては「さわるときさわられる」という対称性が成り立ちます。しかし、人が人にふれる場合には、必ずしもふれる側とふれられる側は対等ではありません。「信頼」という概念を通して、この非対称性について考えてみたいと思います。

第3章

信頼

ある病院で、胸の計器が外れているのに気づいた看護師が、何も言わずに患者さんの体にさわったところ、足蹴りされてしまったそうです。その患者さんはおそらく、いきなりさわられたことが、怖かったのでしょう。

ところが、退院時にかかりつけ医に渡す情報提供書には、「この患者には暴力行為がある」と書かれていたそう。患者さんからすれば、自分の体に突然さわる看護師のほうがよっぽど暴力的だったはずです。

ここに欠けているのは「信頼」です。患者さんは、信頼のもとで看護師に「ふれて」欲しかった。けれども看護師が一方的に「さわった」ので、そのことに抵抗しました。

本章では、この「人が人にふれる」ときに必要な「信頼」について考えていきます。

第2章の前半で伝統的な触覚論を概観したさい、触覚にはリスクがあると考えられてきたことを指摘しました。触覚は対象との物理的な接触を伴うため、場合によっては怪我をしたり、極端な場合には死に至ることがあるからです。

「人にふれる」場合にも、当然こうしたリスクはあります。ふれたことが原因で、相手に殴られる可能性はおおいにありますし、殺される可能性もゼロとは言えません。

と同時に、ふれる側が、ふれる相手を傷つける可能性もあります。意図的に皮膚に傷をつけたり、骨折させたりするのは論外だとしても、自分ではそのつもりはなかったのに、相手を傷つけてしまう、ということもありえる。まさに先ほどの看護師のように、よかれと思ってした「さわる」が、相手に苦痛を与えている可能性があります。

「内部に入り込む」ことは、それ自体、暴力になりえます。ふれられる側からすれば、相手との距離が取れなくなることは、それだけでリスキーなことです。何しろ、自分の内部にある衝動や感情まで相手に知られてしまうのですから。だからこそ、たとえば柔道の選手は、相手と体を接しながらも、自分の動きの予兆を悟られないように、細心の注意を払うわけです。

そのようなリスクがあるにもかかわらず、ふれられることを許せるとすれば、それはその人が相手を信頼しているからに他なりません。逆に言えば、ふれる人は、まずはその相手に信頼してもらわなければなりません。「ふれる」と「ふれられる」が、相手を傷つけないような仕方で同時に成立する。そこに必要な「信頼」とはどのようなものなのでしょうか。

GPSに見守られた学生

勤務先の大学の女子学生と話していたときのこと。その日は大学でイベントがあり、何人かの学生や教員たちが集まって終了後にみんなで打ち上げをしていました。ところがその女子学生が、九時を回ったあたりでソワソワしはじめたのです。もう帰らなくちゃ、と。門限が一〇時なのだそうです。

やりたい放題やらせてもらっていた自分の学生時代に比べたら、門限が一〇時とはずいぶん真面目だなあ、きっと箱入り娘で大切にされているのだろう、と微笑ましく思っていました。ところがその学生のソワソワぶりがどうも普通ではないのです。聞けばすでに携帯に親から電話がかかってきて、早く帰ってくるように言われた、と言うのです。

なぜ門限一時間前なのに電話がかかってくるのだろう、と訝しがる私の表情を察知して、その女子学生の友達が言いました。

「あ、○○ちゃんはGPSで居場所がいつも分かるようになっているんです」

つまり親御さんは、彼女がいま自宅から一時間ほどかかる場所にいることを知っていて、だからそろそろ帰ってこい、と連絡してきたと言うのです。

うーん、それを聞いて私は複雑な気持ちになってしまいました。確かに子供を心配する親御さんの気持ちは痛いほど分かります。心配ゆえに、GPSで常に子供の居場所を把握できるようにしておきたい。それは間違いなく娘さんを思ってのことでしょう。どのくらい一般的なのかは分かりませんが、子供向けの携帯電話にはGPSを使った見守り機能を搭載したものがあると聞いたことがあります。もしかすると、その女子学生も、幼かったころからの習慣で、ずっとGPS機能を利用しているのかもしれません。

気になるのは、そこに信頼があるのかどうか、ということです。確かに、居場所が分かることは、親からすれば安心でしょう。しかし子供の成長を思って、自分が感じている不安をぐっと抑えなければいけない瞬間があるはずです。たとえば子供が「一人で電車に乗ってみたい」と言いだしたとき。あるいは「一人で料理をしてみたい」とお手伝いを申し出たとき。つまり子供が「冒険」を望んだときです。そういうときは（あれに気を付けろ、これに気を付けろ、とさんざん注意したあとで）子供を信じて、「やってごらん」と背中を押す。要するに「可愛い子には旅をさせよ」の心境です。

そこでもし、「やってごらん」と言いながら子供の行動を監視してしまったらどうでしょうか。子供は「自分は信じてもらえていない」「お父さん、お母さんは自分を一人前だと認めていない」と自信を失くしてしまうのではないでしょうか。「信じられている」という気持ちが、子供が安心して新しいことに挑戦するために必要であるならば、不安な気持ちをぐっとこらえて、子供を信じるほうに賭けることも必要なのではないか。私自身はそんなふうに考えてきました。

安心と信頼は違う

子育ての方針についてはいろいろな考え方があるでしょう。それは本書の主題ではありません。重要なのは、「信頼」と「安心」がときにぶつかり合うものである、ということです。「安心」を優先すると、「信頼」が失われてしまう。逆に「安心」を犠牲にしてでも、相手を「信頼」することがある。二つの言葉は似ているように思われますが、実は見方によっては相反するものなのです。

社会心理学が専門の山岸俊男は、「安心」と「信頼」の違いを、「針千本マシン」という架空の機械を使って説明しています。針千本マシンとは、喉に埋め込むタイプの機械で、その人が嘘をついたり約束を破ったりすると、自動的に千本の針が喉に送り込まれる、という仕組みになっています。

さて、ある人間の喉にこの「針千本マシン」が埋めこまれているとします。そのことを知っている者は誰でも、その人間が絶対に、少なくとも意図的には嘘をついたり約束を破らないと確信できるでしょう。たとえその人間がこれまでに何度も約束を破って、そのために罰として「針千本マシン」を埋め込まれた人間であったとしても、千本の針を喉に送り込まれる目にあうよりは、約束を守ったほうがましだからです。[1]

「針千本マシン」は、機能としては、孫悟空が頭にはめさせられている輪っか（緊箍児《きんこじ》）に似ています。悟空が悪事をはたらくと、三蔵法師が「緊箍児呪《きんこじじゅ》」と呪文をとなえる。すると輪っかが悟空の頭を締め付けて苦しめます。つまり、罰が抑止力になって罪を犯すのを防ぐのです。ただ「針千本マシン」のほうは、刑罰の執行が機械化されている点で、より冷徹と言えるかもしれません。

重要なのは、このマシンがあることによって、まわりの人が、この人間は嘘をつかないはずだという確信をもつということです。まわりの人は、その人物の人格の高潔さや、自分たちとの関係を考えてそう思っているのではありません。嘘をつくと彼／彼女は不利益をこうむる。だから、合理的に考えて、彼／彼女は嘘をつかないはずだ。つまり、まさにその人物が「針千本マシン」を埋めこまれているから、彼／彼女は嘘をつかないはずだ、と判断するのです。

果たしてこれは「信頼」でしょうか。それとも「安心」でしょうか。山岸は、ここには「安心」はあるが「信頼」はないと言います。

重要なのは「彼／彼女は嘘をつかないだろう」という判断に、確信が伴うことです。嘘をつくことによって、彼/彼女は確実に不利益をこうむります(もっとも、少ない確率で利益をこうむる可能性もゼロではありませんが、少なくとも山岸は「確信」という言葉を使っています)。まわりの人からすれば、それは確実だから「安心」なのです。想定外のことが起こる可能性がほとんどゼロ。すなわち、「安心」という感情は、状況をコントロールできている想定と関係しています。

他方で、「信頼」が生まれるのは、そこに「社会的不確実性」があるときだ、と山岸は言います。社会的不確実性がある状況とは、「相手が自分の思いとは違う行動をする可能性がある、つまり自分を裏切るかもしれないような状況」のこと。すなわち信頼とは、「相手の行動いかんによっては自分がひどい目にあってしまう状況で、相手がひどいことをしないだろうと期待すること[2]」なのです。安心と信頼の違いを、山岸は端的に次のように整理しています。

信頼は、社会的不確実性が存在しているにもかかわらず、相手の(自分に対する感情までも含めた意味での)人間性のゆえに、相手が自分に対してひどい行動はとらないだろうと考えることです。これに対して安心は、そもそものような社会的不確実性が存在していないと感じることを意味します。[3]

要するに、安心とは、「相手のせいで自分がひどい目にあう」可能性を意識しないこと、信頼は「相手のせいで自分がひどい目にあう」可能性を自覚したうえでひどい目にあわない方に賭ける、ということです。もしかしたら、一人で出かけた子供が行き先を間違えて迷子になるかもしれない。途中で気が変わって、渡した電車賃でジュースを買ってしまうかもしれない。そう分かっていてもなお、行っておいでと背中を押すことです。

ポイントは、信頼に含まれる「にもかかわらず」という逆説でしょう。社会的不確実性がある「にもかかわらず」信じる。この逆説を埋めるのが信頼なのです。

結果的には信頼の方が合理的

なんて不合理な、と思うかもしれません。けれども実際の機能としてはむしろ逆でしょう。つまり、信頼はものごとを合理化するのです。信頼は複雑なプロセスを短縮し、コストを削減する効果を持っています。

たとえば私の勤務する大学ではある時期、出張に確かに行ったということを証明するのに膨大な書類を作らされていました。カラ出張を防ぐためです。航空券や特急券の半券を持ち帰るのはもちろんのこと、ホテルでは宿泊証明書を作ってもらい、会議に参加すれば会場のまえで自分の姿を入れた写真を撮り、それらすべてをそろえて信憑書類として経理課に提出しなければならないのです。要するに、教員が信頼されていない。ホテルのフロントや鉄道の駅員さんに書類をお願いするたびに、自分が信頼されていないことを晒しているようで何とも恥ずかしい思いをしたものです。

問題は、これだけの事務作業をするのに、教員や事務支援員の膨大な労働力、つまり時間とお金が割かれているということです。もし大学がひとこと「教員を信じる」とさえ言ってくれれば、膨大な時間とお金を無為に浪費することなく、研究や教育など、大学としてより重要な仕事にあてることができたはずです。ところが、信頼がないがために、本来重要でないはずの作業にコストがかかってしまった。もちろん、国立大学ですので説明責任があるのは分かりますが、よくよく考えてみれば、いまどき写真なんていくらでも加工できるわけで、そもそもが穴のある不条理なシステムです。

結局、出張に関するこの複雑な経理システムは、文科省からの「過度なローカルルールは改善すべし」というお達しによって、あるときを境に簡素化されることになりました。その理由は「効率化」。架空の思考実験ならまだしも、現実には社会的不確実性をゼロにするのは不可能です。つまり一〇〇パーセントの安心はありえない。どこまでもシステムを複雑化してしまう無限後退に終止符を打ってくれるのが信頼なのです。

リスクが人を生き生きさせる

認知症の介護の世界でも、信頼と安心の違いが問題になることがあります。

介護福祉士の和田行男は、認知症の高齢者がともに生活を営むグループホームを営んでいます。和田はこの施設に夜間以外は鍵をかけません。つまり、入居するお年寄りが、施設から自由に出入りできるようになっているのです。もちろん、扉にセンサーをつけ、必要に応じて職員が付き添うなど、安全対策はきちんとなされています。周囲の「目」がある範囲内で、お年寄りの自由度が確保されている。そうすることで、ふつうの家に近い状態で生活することができるのです。

「ふつうの生活」がなされている証拠に、入居しているお年寄りたちは、自分でできることは自分で行います。洗濯、掃除どころか、買い物に行き、料理もします。包丁も握るし、火も使うのです。

いくら安全対策がなされているとはいえ、周囲からすれば不安も残るでしょう。「ふつうの生活」にはさまざまなリスクがともないます。実際、目を離したすきに入居者さんが外出してしまい、長時間行方不明になってしまうケースもあったそう。「鍵をかけないのは危険だ」という批判も当然寄せられます。

それでも、和田は認知症のお年寄りを信じようとしました。確かに、鍵をかけ、行動を制限すれば事故などのリスクは減ります。けれども、それは生きていることにならないのではないか。和田は介護現場の現実をこう述べます。

とどのつまり、本人が椅子から立とうとすると「危ないから座っていてください」と行動を制止し、本人がどんなに頑張っても立ち上がることができないようなソファーを置いてそこに座らせておいたり、施錠して出て行けないようにしたり、物を隠して触れないようにする、薬物を使うなどの手を打つことになるのです。

すると家族等が一番望む「安全な生活」は担保できたとしても、自分の意思を行動に移すという人としてのステキな姿は消え失《う》せ、そのことからくる混乱は増し、動かないことによる心身の活動性低下や能力の衰退が合わさって起こるなど、「生き生きとした姿」を失うことにつながりかねないのです。[4]

安心が前提にする、社会的不確実性がゼロの状況とは、先にも指摘したとおり、確実にコントロールできているということを意味します。相手の行動が予測可能なものになっていて、こちらからするとリスクがない。「相手の行動によってこちらがひどい目にあう」ということがないわけですから、自分と相手の関係も固定されることになる。それは、制御し、支配する関係です。

けれども和田は、どこまでもお年寄りを制御したり支配したりしないようにする。なぜなら、生きることはそもそもリスクを伴うことだからです。もちろんさまざまな工夫によって、リスクを最小化することは重要ですし、和田もその点に関しては細心の注意を払っています。けれども、相手が意思を行動に移すとき、必ず想定外のことは起こる。だからこそ和田は、お年寄りの力を信じ、「想定外」がゆるされるような生活の場を整えようとするのです。

ハンバーグが餃子に

ちなみに、二〇一二年にこの和田の施設に取材に行ったのが、当時NHKのディレクターだった小国士朗でした。滞在中、お昼ご飯に、入居者さんが料理を作ってくれることに。聞かされていた献立はハンバーグでした。

ところが、いざ食卓に運ばれてきた料理はなぜか餃子だった。「ええと、ひき肉しかあってない……けどいいのかな……?」。のど元まででかかった「これ、間違いですよね？」のひと言をぐっと飲み込んで、小国は思います。「ハンバーグが餃子になったって、別にいい」。

間違えたって、おいしければ、なんだっていい。

それなのに「こうじゃなきゃいけない」という〝鋳型《いがた》〟に、認知症の状態にある方々をはめ込んでしまえば、どんどん介護の現場は息苦しく窮屈になっていく。

そしてそんな考え方が、従来型の介護といわれる「拘束」や「閉じ込め」につながっていくのかもしれない。[5]

この出来事をきっかけに、小国が始めたのが「注文をまちがえる料理店」です。このお店では、認知症の方がフロア係として注文をとりに行きます。だから、注文した料理がきちんと届くかは、わからない。つまり、社会的不確実性が高いことが最初から宣言されているレストランなのです。でも案外、そこで自分が被る「ひどい目」は、ハンバーグが餃子になる程度なのかもしれない。もちろん、「注文をまちがえる料理店」でも、大きなトラブルが起こらないように注意が徹底されています。私も一度訪れたことがありますが、注文票に工夫があって、ミスが出にくいように配慮されていました。それでも、お冷やを持ってきてくれたお年寄りが、そのまま空いた席に座ってお客さんとおしゃべりに花を咲かせてしまったりする。でもまあ、おしゃべりしたっていいじゃない。人を信頼することを阻むのは、リスクの実際の大きさというより「ねばならない」という私たちのなかの堅固な規範意識なのかもしれません。

「ふれられる」とは主導権を手渡すこと

さて、この信頼という問題について、接触の具体的な場面に近づけて考えてみましょう。

まず確認しなければならないのは、ふれる側にとっての信頼の問題と、ふれられる側にとっての信頼の問題は、やや様相が異なるということです。自分の体にさわる場合には「さわるとき、さわられてもいる」という純粋な対称性が成り立つかもしれません。けれども、別の人の体にふれる場合には、そうはいきません。関係は必ずしも対称ではないからです。

親が子供を信じる。介助者が認知症のお年寄りを信じる。ここまで見てきた例は基本的に、ケアする側からされる側、つまりふれる側のふれられる側に対する信頼です。

しかし、同じ接触の場面には、ふれられる側のふれる側に対する信頼もあります。ふれる側の行動によっては、自分がひどい目にあうかもしれない。ふれられる側も、リスクを感じています。痛みを加えられるかもしれないし、傷つけられるかもしれない。この「不確実性があるにもかかわらず」という構造は、ふれる側の信頼も、ふれられる側の信頼も同じです。

ただ、注意しなければならないのは、そもそも「ふれられる」とは、どういうことか、ということです。

「ふれられる」とは、単に相手の手が近づいてくるのを待つことではありません。物理的な体の動きが「ふれる側／ふれられる側」を決めるのではないのです。

第2章で確認したとおり、触覚にはさまざまな「さわり方」あるいは「ふれ方」があります。包むようにつかんでもいいし、爪を立ててもいい。手のひらを押し当ててもいいし、手の甲をそっと重ねてもいい。

さまざまな「ふれ方」があるなかで、「ふれる」とは、どのようにふれるか、この接触のデザインに関して主導権を持つということです。手を近づけていった側がふれる側なのではない。ふれ方を決める側が、ふれる側なのです。

これに対して、「ふれられる」とは、接触のデザインに関して、主導権を相手に渡すことです。どのようにふれるか、そのやり方を相手に決めさせる。手が近づいてくるのを待っていた側がふれられる側ではありません。

このことを踏まえると、それぞれが感じる不確実性にも違いがあることが分かります。この違いが、言うまでもなく信頼の様相の違いに直結します。

まず、ふれる側が抱える不確実性は、ふれたことによる相手のリアクションが読めないという不確実性です。つまりリアクションの不確実性を超えることが、ふれる側にとっての信頼になる。

これに対して、ふれられる側の不確実性とは、ふれようとしている相手のアクションが読めないという不確実性です。つまり、アクションの不確実性を超えることが、ふれられる側にとっての信頼になります。

接触とは、この異なる二種類の不確実性が出会う出来事です。

信頼が特に意味を持つのは、接触の瞬間でしょう。実際の接触が始まってしまえば、不確かさは減少し、「ふれるときふれられている」という確かさのなかで、緊張はむしろ安心に変わっていくことが多いからです。第2章のコンディヤックの箇所で確認したように、そもそも触覚には、私たちが見失いがちな自分の輪郭を、物理的に取り戻させてくれる力があります。もともと親しい間柄であれば、むしろ緊張はほとんどなく、ふれられてすぐに安心と確かさに満たされるでしょう。

あるいは、実際に接触してしまえば、物理的に接触しているというその相手との関係性のなかで、もっとこうして欲しい、あるいはこうして欲しくない、と意志を伝えることもできます。ふれられるなかで、渡していた主導権を取り戻したり、再度渡したりすることも可能でしょう。接触が成立してからのやりとりはコミュニケーションの問題であり、これについては次章で扱います。

しかし、ふれる／ふれられるその瞬間には、必ず不確実な要素があり、したがって相手を信頼しないことには、そもそも接触が成立しません。相手がもともと知っている人であったとしても、触覚的に関わったことのない人であれば、ファーストコンタクトの瞬間はリスキーで、緊張を伴います。第2章でとりあげた砂連尾理と熊谷晋一郎のセッションのように、目で見て理解していた相手と、手を通して知る相手は、必ずしも「同じ」ではなく、一種の「出会い直し」のショックをふくんでいるからです。
ふれる側はふれるという出来事の主導権を行使し、ふれられる側は逆に主導権を相手に手渡す。そこにどんな信頼が生まれているのか。具体的に考えてみたいと思います。

だまされる覚悟で委ねてる

西島玲那さんは一五歳で網膜色素変性症を発症し、一九歳で目が完全に見えなくなりました。全盲になってから、すでに一〇年以上が経ちます。

同じ全盲でも、聴覚優位の人もいれば触覚優位の人もいて、人によって世界のとらえ方は違っています。西島さんは、その中でも視覚優位タイプ。全盲なのに視覚優位というとおかしな感じがするかもしれませんが、彼女は耳などから入った情報を、さまざまなイメージに置き換えて「見て」いるのです。前方から声がすれば、そこから想像される雰囲気を持った人の姿が出てくる。声のやってくる向きが変われればイメージの中でその人物の顔が動き、声がくぐもれば自然と頬杖をついた姿勢になる。西島さんは、「いつもVR（ヴァーチャルリアリティ）を見ている感じ」と言います。

西島さんは、基本的には明るく好奇心旺盛な方です。絵画などの制作をしていたほか、盲導犬と二人だけで温泉旅行に行ったりもしていました。二人だと駅から宿までの道で迷ってしまったりすることもあります。でもそんなときこそ、途中で人に助けてもらい、仲良くなって、盲導犬の写真を渡したりするのが楽しかった。トラブルがあったとしても、それは冒険。冒険するからこそ、そこに人との出会いが生まれるのだと言います。

西島さんのように冒険派の人からすれば、出会いを奪うという意味で、安全はかえって不便であるとも言えます。「快適」という言葉を使いながら、彼女は言います。

> 快適さっていうのは、人を孤独にしますよ。なんの手助けもなく行けちゃうし、それってあんまり時間短縮にもならないんですよ。平坦で安全なところを通ってると、自分だけで情報をキャッチしなくちゃいけないんで、なんかあんまり入ってきてない気がしちゃう。あまりにうるさかったり、混んでいると困るんですが、ある程度人間やら動物やら生き物がいて、なおかつあんまり整っていないところがいいですね。[6]

ところが、そんな冒険好きの西島さんでさえ、人とかかわるときには、「だまされる覚悟をする」と言います。目の見えない人は、街の中でたまたま声をかけてくれた人に道を案内してもらったり、助けてもらったりする機会がしばしばあります。しかも、多くの場合、そうした介助は、身体的な接触をともないます。何の声かけもなく、急に腕を摑まれることもある。

「覚悟」が必要なのは当然でしょう。なぜなら相手はたった今会ったばかりの、見ず知らずの他人なのですから。人柄をよく知っている相手でさえ、体をふれられることは緊張を伴います。まして初対面となれば、身構えるのは自然なことです。

もちろん善意で声をかけてくれる人がほとんどでしょう。声をかけてもらうことは、とてもありがたい、と西島さんは繰り返します。でも一〇〇パーセント安全とは言えません。あるいは善意で声をかけてくれた人であっても、実際の介助の仕方が、自分にとって好ましくない場合もある。介助の申し出を受け入れるときの、不確実性がきわめて高く、リスキーな瞬間。はたからは見えないけれど、その瞬間にしなければならない覚悟は、「ちっちゃなおおごと」だと西島さんは言います。

声をかけてくれる人に委ねるときには、だまされる覚悟で委ねるんです。お金とられるかもしれないし、変なところに連れていかれるかもしれないし、晒されるかもしれない、そういうことを全部置いて信じるんだけど、そうなったとて自分の責任だと思ってやるから、ちっちゃなちっちゃなおおごとなんです。[7]

先に確認したとおり、「ふれられる」とは、接触のデザインの主導権を相手に手渡すことです。道を教えてもらったり、助けてもらったりという行為は、その性格上、「ふれられること」であらざるを得ません。西島さんの「委ねる」という言葉は、この「手渡す」感覚をよくあらわしています。「委ねる」ことによって、相手がどんなアクションをしてくるか。もしかしたら、刃物を出されるかもしれません。強盗されるかもしれないし、殺される確率もゼロではありません。私の見るかぎり、西島さんは、相手の動きや人柄を非常に注意深く観察する方です。声をかけられたときには、彼女なりに相手のことを観察しているはずです。それでも、相手が一人の他者であるかぎり、そこから不確実性が消えることはありません。

こうした小さくないリスクを毎回覚悟しながら、西島さんは声をかけてくれた見知らぬ人に委ねています。もちろんありがたいと思う。でもどうなるか分からない。その不確実性を知りながら、それでも接触の主導権を相手に手渡す。これがふれられる側の信頼です。

無責任な優しさで生きている

もちろん、声をかける側だって、リスクを感じないわけではないでしょう。トラブルになるかもしれないし、拒絶されるかもしれない。それでも、自分がこの人に何かできると信じ、また相手もそれを受け入れてくれると信じるからこそ、声をかけ、ふれようとします。

けれども、声をかける人のうちのいったい何人が、「殺されるかもしれない」というところまで考えているでしょうか。あるいは「お金を奪われるかもしれない」というところまで。さわられる側が、生命の覚悟までしているのに比べると、さわる側の抱えている不確実性は、不釣り合いなほど小さい、と言わざるを得ません。

それは「無責任な優しさ」である、と西島さんは言います。でも、そういう無責任な優しさにこそ自分は支えられている、とも彼女は言います。もし道で彼女を見かけた人が、「殺されるかもしれない」あるいは「お金を奪われるかもしれない」などと考えたら、その人は彼女に声をかけるでしょうか。それでもかけるという人もいるでしょうが、その確率は圧倒的に低くなるはずです。責任がないからこそ差し伸べられる手がある。彼女はこう続けます。

無責任な優しさで生きているんだって思っていたんです、ずっと。責任がないから優しくできるんだって。街で会って、声をかけてくれて、手を貸してくれる、でもそのあとその人が無事に家についたかとか、目的地についたかとか、知らないわけですよね。だから、ばったり遭遇したり優しくしてもらう機会は、回数でいえばすごく多いけど、フラットに人と関わって、好きだの嫌いだの、という人数はすごく少なくて、でも密に関わる人は多くて。この三つのなかで、私が生き残るうえで一番重要な人間関係はどれだって思ったときに、ばったり街であった人が一番、実際のところは、自分の生活を救ってくれているはずだと思うんです。自分のあぶないときに「あぶない！」と引っ張ってくれたりとかね。[8]

ばったり街で会った人が一番、自分の生活を救ってくれる。無責任な優しさを頼るという方法は、彼女が自立して生きていくために必要なことでした。特定の誰か、たとえば親に依存することは、確かに安心で、楽かもしれない。けれども、そのように「安心」の枠内にとどまっていては、親がいなくなったときに自分の生活が立ち行かなくなってしまう。それは長い目で見れば危険なことです。だから、彼女には「安心」の枠外に出ることが必要でした。それは、とりもなおさず、「信頼」にもとづいて生きるということを意味します。偶然声をかけてくれた見ず知らずの人を信じて、その人を頼って生きていく。「歩くのも怖くないと言ったら嘘になるけど怖いと言ったらもう終わる」。彼女は自立するために、依存先を街中に分散させることにしたのです。

その覚悟は並々ならぬものであったと思います。人にふれられるたびに、不確実性を飛び越えてぐっと相手を信じる「ジャンプ」をしているわけですから。もちろんそれが、結果的にはすばらしい出会いをもたらすこともあるでしょう。彼女は、そちらのほうを見ようとしています。それが彼女の「冒険者」としての自立した生き方でした。

「もしも」が消えるまでの三年間

けれども、そのことが一方では、「人を信頼する」という心の動きをこじらせてしまっていました。街で会った人の「無責任な優しさ」を刹那的に信じるということを重ねていくうちに、特定の人を深く信頼するということができなくなってしまったのです。

信頼が、ふれようとする人とふれられる人のあいだの非対称性を埋めるために無理にでも生み出すべきものになってしまい、相手の人柄そのものを知ったうえで深く長く信じる、ということができなくなってしまった。前者の信頼が、リスクに目をつぶって飛び越える瞬間的な「気合い」に似たものであるのに対し、後者の深く長い信頼は、「愛」に伴うものです。

そう、西島さんは、自分を愛してくれる人、夫になってくれた人を、なかなか信じることができなかったのです。信じようと思う。でも、どうしても自分で自分にストッパーをかけてしまう。そんな苦しい関係が、結婚して三年ほど続いたと言います。少し長いですが引用します。

私は信じたくても信じちゃいけないという意味も込めて、無責任な優しさに頼らざるをえないということに、諦めをもっていました。それで結婚して三年くらいは、夫を傷つけまくっていました。傷つけに傷つけて、ひとつ大きいのは、私が本当のところで夫を信用していないということでした。もし自分のほうが大変になったら……（いなくなっちゃうのではないか）という極論も含めて、どこかで覚悟していなきゃいけない、という思いがあった。夫になってくれた人がほんとうに自分によりそって生きてくれるかどうかは、信じたらダメ、と自分がそれに一番ストッパーをかけていることが安心・安全だったんです。どこかで信用しきらない、ということが安全、という思いそのものが、夫をすごく傷つけたし、それに付随するいろんなことが、大きな揉め事を引き起こしたと思っています。どんな言葉を言ってもらっても、それによりかからない自分は何なんだろうかとも思うんです。響くんです、すごく。でも怖くてそっちに飛び込めない。その度が過ぎちゃったときに、その三年間は取り戻せないんですけど、もう引き返せないところまで来たときに、ああもうやめよう、生き残る、ということを考えるのは、と思いました。[9]

街中で偶然出会う人との「無数で、刹那的な関係」と、夫との「ひとつで、永続する関係」。もちろん、原理的に考えれば、両者は対立するものではないかもしれない。そうだとしても、西島さんは、夫との関係に飛び込むことが怖くてどうしてもできませんでした。夫がいなくなったら、自分の生活が立ち行かなくなるのではないか。特定の人を深く信頼することは危険なのではないか。つねに「もしも」が脳裏をよぎってしまい、差し出された「責任ある優しさ」を受け止めることができなかったのです。

これは言わば、人にふれられる瞬間の緊張が、解けずにずっと続いている状態だと言えます。先に指摘したとおり、ふれる／ふれられる接触の瞬間は、相手のリアクション／アクションが分からないため、緊張の度合いは否が応でも高くなります。けれども相手を信頼し、実際の接触が始まってしまえば、多くの場合、不確実性は減少していく。そして、「ふれるときふれられている」という相互性のなかで、緊張は次第に安心に変わっていくものです。

ところが、西島さんはずっと緊張し、警戒モードを解くことができない。何度ふれても、いくらふれても、初めてふれられるときのように、緊張を解くことができなかったのです。まるで絶対に懐かない猫のように。

結局、彼女がこの緊張を解くまでに三年の時間がかかりました。相手が他者であるかぎり、不確実性は常に存在します。本当の「安心」がやってくるのは、この不確実性が脳裏から消えるときです。不確実性を乗り越える「信頼」から、それを意識しなくなる「安心」へ。緊張が解けるまでにかかった三年間は、西島さんの頭から「もしも」が消えるのにかかった時間だと言うことができます。

第4章

コミュニケーション

伝統的に触覚の特徴として指摘されてきた持続性。常に部分的な認識しか得られず、全体を把握するのに時間がかかるという特徴は、触覚が視覚に比べて劣った感覚であることを示す一つの証拠とされてきました。

しかし、「人の体にふれる」という本書の関心からすれば、時間がかかることは必ずしもネガティブなことではありません。なぜならそれは、ふれる側とふれられる側とのあいだの、触覚的なコミュニケーションの可能性を開くからです。

第3章で論じた通り、実際に接触が成立するまでには、相手に対する「信頼」が必要です。「止むを得ず」の場合もあれば、「心から」の場合もあるでしょう。いずれにしても、信頼によって、ふれること／ふれられることが許されたあとは、二人は物理的な接触面を通じて、お互いの意思や衝動を伝えあうことが可能になります。この場合のコミュニケーションは、第2章で分析したように、直接の場合もあれば、ものを介して間接的につながっている場合も多いでしょう。

持続的な感覚だからこそ生まれる、じりじりとしたコミュニケーション。本章では、そこで行われているやりとりがどのようなものなのか、そのほかのコミュニケーションとも比較しながら、考えていきたいと思います。

記号的メディア

「コミュニケーション」は、実に広い意味で用いられる言葉です。

図1　コミュニケーションのメディア

とりあえずその対象を人と人のやりとりに限定するとしても、店でものを買うときの店員とのコミュニケーション、朝食をとりながら家族とたわいもない話をするコミュニケーション、年に一度年賀状を送り合う旧友とのコミュニケーション、ネットのライブ配信において出演者と視聴者のあいだで交わされるコミュニケーション……実にさまざまなタイプのやりとりが、「コミュニケーション」の名で呼ばれています。

本章では、これらさまざまなコミュニケーションをその特徴に応じて分類し、そうすることで触覚的なやりとりが持つ特徴を明らかにしたいと思います。触覚的なやりとりは、それ以外のやりとり、たとえば言葉を用いたやりとりと、どのように違うのでしょうか。

図1を見てください。これは、用いられているメディアのタイプに応じて、さまざまなコミュニケーションを位置付けたものです。ここで言う「メディア」とは、それぞれのコミュニケーションで用いられている「手段」のことです。

スケールの左端は、「記号的メディア」としました。記号的なメディアの特徴は、その意味がコード化されていること。つまり、記号とそれが指し示す対象の関係が、コミュニケーションに先立ってすでに決められているのです。

その代表はもちろん言語です。たとえば「星」という語なら、それが指し示す意味の領域はあらかじめおおまかに決められて（コード化されて）います。そして、「青い」や「王子さま」といった別の記号と組み合わされることにより、より限定された意味を持つようになります。もちろん、コード化されているのはあくまで標準的な意味であって、比喩的な表現や文学作品であれば、あえてコードの約束を踏み越えるような意味を語に込めることもあるでしょう。同じ意味でも、人によって解釈の幅があるかもしれません。けれども、そうした逸脱や多様性も、あらかじめ約束によって標準的な意味が決められているという前提があってのことです。その意味で、記号的なメディアの特徴は「コード化」であると言うことができます。

文字や単語といった意味を構成する小さな単位に分割可能であることも、記号的なコミュニケーションの特徴です。細かく分節化されていて、不連続、つまり「デジタル」なのです。ただし、同じ言葉でも、「話し言葉」は声のトーンや間のとり方でニュアンスの幅が広がるので、スケール上では、「書き言葉」よりも右に位置付けました。

文字や録音・録画といった技術を用いることにより、メッセージを物理的にも時間的にも離れた地点に送ることができるのも、記号的なメディアの特徴です。記号的なメッセージは、発せられるや発信者の手を離れて、はるか遠く、はるか未来まで流通する可能性があります。発信者からメッセージを切り離すことが可能なのです。

物理的メディア

こうした記号的メディアの対極にあるのが、「物理的」なメディアです。スケールの右端は「物理的メディア」です。

たとえば、ストレッチのやり方を手取り足取り相手に教えるとき。「上に伸ばすっていうより脇を伸ばす感じにするのがコツ」などと言いながら、バンザイした相手の手を支えて引っ張ろうとするとき、伸ばすべき方向や力加減は、体の直接的な接触を通して伝えられています。教える側が理想的な位置まで強制的に引っ張る場合もあれば、相手の体の様子を見て調節しながら少しずつ引っ張る場合もあるでしょう。そこにあるのは、記号化されていない、物理的な接触を介したコミュニケーションです。

ストレッチは直接相手の体に触れるコミュニケーションですが、ものを介した場合も同様でしょう。たとえばスープの入ったボウルを相手に手渡すとき。いきなり手を離してしまっては落としてしまうでしょうから、相手がボウルの重さをちゃんと引き受けたか、スープが熱ければそれに耐えうる覚悟ができているか、事前に確認してから手を離すことになります。「スープの入ったボウル」という「もの」を介していますが、そこで行われているコミュニケーションは、ストレッチの場合と基本的には同じです。

物理的なコミュニケーションの面白さは、記号的なコミュニケーションと違って、連続的であるということです。直接的にせよ間接的にせよ、物理的に接触しているという状況のなかで、じりじりと、あるいは一気に、コミュニケーションがなされる。接続を前提としていますから、コミュニケーションの参加者が同じ時間・空間を共有していることも必要です（触覚を伝送したり再現したりする装置があれば別ですが）。つまり、物理的なコミュニケーションは、参加者の同期を前提にしています。

記号的メディアと物理的メディアの中間に位置付けられるのが、たとえば手話というメディアでしょう。もちろん、手話もひとつの言語ですから、それぞれの動作が何を意味するかは、きちんとコード化されてはいます。けれども、それをどう演じるかで、会話における声色をはるかに超える豊かなニュアンスを付け加えることが可能です。より演技に近い、という意味で、スケールのちょうど中間あたりに位置付けました。ジェスチャーは手話よりはコード化の度合いが低いのでその右手に位置付けました。

また、コミュニケーションと言ったときに、相手は必ずしも人でないかもしれません。盲導犬ユーザーであれば日常的に犬とコミュニケーションをとっていますし、ペットを飼っている人ももちろんそうでしょう。人と動物のあいだでは、いくつかの指示に関しては明確な記号的やりとりがなされていますし、逆に、リードを引っ張って行先を示すような、物理的なコミュニケーションもありえます。人間には難しいですが、動物どうしなら、嗅覚を介したコミュニケーションも可能です。

使える方法はいろいろ使う

このように、私たちがふだんコミュニケーションに用いているメディアは、記号的か物理的かという基準を設けることによって、相対的にその特徴を整理することが可能です。

ただし注意しなければならないのは、これまでの例ですでに明らかなように、私たちはたいていの場合、ひとつの場面で複数のメディアを使いこなしている、ということです。たとえば、言葉という記号的なメディアを使いながら、同時にジェスチャーのようなより物理的なメディアも併用していたりするのです。つまり、先に示したスケールは、場面ごとのメディアの分類ではなく、あくまで私たちが使いうるさまざまな手段を示したものとして理解される必要があります。

例として、ものを買う場面を考えてみましょう。コンビニで、ポテトチップスとお茶と洗剤を買ったとします。レジに並び、会計のタイミングで、店員さんが、「別にしますか」と訊いてくる。それに対してこちらが「あ、いっしょで」と答える。ここでは「話し言葉」というメディアが使われていますが、それだけではないはずです。その証拠に、こうして文字に起こしてしまうと、ほとんどその意味が伝わりません。

店員さんが「別にしますか」と言ったとき、彼／彼女が言わんとしていたのは、「ポテトチップスとお茶は食品だが、洗剤は食品ではなく、摂取すると危険な場合がある。それらを同じレジ袋に入れてもよいか、それとも別にするか」ということでした。そのことを示すために、彼／彼女はおそらく、洗剤を手に持ってこちらに見せたり、カウンターに置かれたそれを手で指し示したり、レジ袋をもう一枚取り出すふりをしたり、何らかの非言語的な動作を同時にしているはずです。さらに、動作をするだけではなくて、こちらに視線を送ったり、問いかける表情を作ったり、話しかけるタイミングに配慮したりもしているでしょう。つまり、彼／彼女は、記号的なものも物理的なものもひっくるめてさまざまな手段を同時並行で使いながら、「ポテトチップスとお茶は食品だが、洗剤は食品ではなく、摂取すると危険な場合がある。それらを同じレジ袋に入れてもよいか、それとも別にするか」ということを問いかけているのです。これが、コミュニケーションに含まれるメディアの多様性です。

こうした非言語的な要素は、よく「文脈」や「状況」と呼ばれます。「言葉を、それが話された文脈から切り離してしまうと、意味が分からなくなる」「同じ言葉でも、状況しだいでニュアンスが変わる」といった具合にです。

けれども、非言語的なものは、本当に言語的なものの「文脈」や「状況」なのでしょうか。つまり、言葉があくまでメインであって、動作や表情で伝えられることは、それを補足する「背景」にすぎないのでしょうか。

そうではないはずです。店員さんは、「別にしますか」という言葉を補足するための動作や表情を添えたのではなく、動作も表情も言葉も並行して使いながら、客に問いかけを行っていたはずです。コミュニケーションにおけるメディアの多様性と言うとき、それは文字通り多様なのであって、まさに「同時にいろんな手を使いながら」私たちは他者とやりとりをしています。

本書では深入りしませんが、学問の分野でも、こうした意味でのメディアの多様性に注目する研究がなされています。その一つが、社会学や心理学の分野でなされている「マルチモーダル分析」です。「マルチモーダル」とは、コミュニケーションの手段が複数あるということ。この分野のパイオニアの一人、グッドウィンは言います。「私は、言語をそれが用いられる環境から切り離し、テクストとコンテクストの二分法を作り出す、通常の分析や学問分野に見られる境界線に逆らって議論を進める」[1]。

グッドウィンがここで仮想敵としているのは、ジョン・サールが行ったような言語中心の分析です。これに反して、グッドウィンは体が果たす役割を重視します。体とは「意味と行為が作り出され、提示される場」であり、「ダイナミックに展開し、相互行為のなかで組織される」。従来の会話分析は、言語的なやりとりだけを取り出し、それ以外の身振りや表情はあくまで付随的な背景としてしか扱ってきませんでした。それに対してグッドウィンは、「異なる種類の記号的現象が、私が『意味の場』と呼ぶ多様なメディアによってつくり出されていくプロセスを通して、行為が作り出され、かつ理解される」さまに注目しています。

伝達モード

さて、こうしたメディアの分類のなかで、本書が扱う触覚的なやりとりは、言うまでもなくスケールの右端、「物理的なメディアア」に位置付けられます。それは、アナログで、連続的で、あまりコー

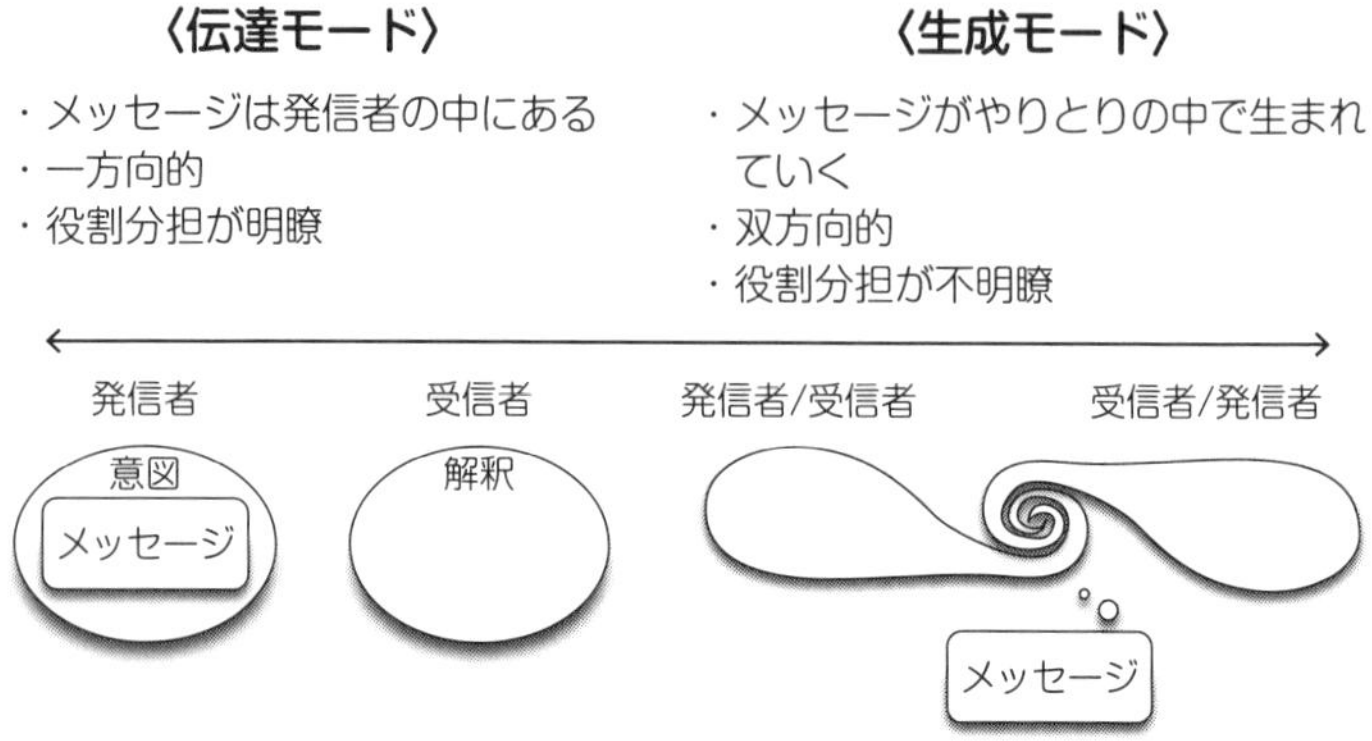
〈伝達モード〉
・メッセージは発信者の中にある
・一方向的
・役割分担が明瞭
〈生成モード〉
・メッセージがやりとりの中で生まれていく
・双方向的
・役割分担が不明瞭
発信者
受信者
発信者/受信者
受信者/発信者
意図
メッセージ
解釈
メッセージ

図2　コミュニケーションのモード

ド化されていない、接触的なメディアです。

そのことを踏まえつつ、さまざまなコミュニケーションについて、もうひとつ別の角度から、分類の軸を導入したいと思います。それは「モード」のスケールです。モードとは、コミュニケーションの態度や調子のことです。

モードの軸の一端は「伝達モード」、もう一端は「生成モード」としました（図2）。こうして「メディア」と「モード」という二つのスケールを導入することによって、様々なコミュニケーションを図3のように平面上にマッピングできるようになります。

ではそれぞれのモードについて順に見ていきましょう。まずは「伝達モード」から。

これは「コミュニケーション」と聞いて多くの人がまず思い浮かべるものかもしれません。メッセージの発信者がいて、その発信者が伝えようとしたメッセージが、受信者のもとに伝わっていく。非常にシンプルです。

たとえば結婚式のスピーチ。スピーチをする人（発信者）が、たいていは事前に準備してきた内容や文面（メッセージ）を、マイク等を使いながら、新郎や新婦に向けて、あるいは臨席しているゲスト（受信者）に向けて伝えます。身振りや表情を伴うとしても、言葉が中心になりますので、記号的なメディアを使った、伝達モードのコミュニケーションだと言うことができます。同じく、交通標識や道案内の矢印なども、言葉は用いていませんが、図や絵による伝達モードのコミュニケーションだと言うことができるでしょう。

物理的メディアを使った伝達モードの例としては、野球のバッティングのフォームを手取り足取り教える場合などがあります。バットを構えた生徒の肘を持って正しい位置を示したり、左右の腰の高さを直したり、傾きすぎたバットの位置を戻したり。コーチの側に「こうあるべきだ」というフォームの型があり、それを直接生徒の体を持って、あるいは間接的にバットを通して伝えるコミュニケーションです。

これらの例から分かるとおり、伝達モードの特徴は、発信者から受信者へという一方向の作用が想定されている、ということです。発信者が、自身の持っているメッセージを、受信者のもとに届ける。受信者が送信者に干渉するという逆方向の作用は、そこでは想定されていません。

情報理論の古典であるクロード・シャノンも、こうした伝達型のコミュニケーションモデルを立てています。シャノンは幼いころからモールス信号に親しみ、戦時中は日本軍の外交電文の暗号の解読に従事していました。このモデルは、モールス信号をイメージしながら理解すると非常にわかりやすくなります。発信側は伝えるべきメッセージを、「・（トン）」と「—（ツー）」という二つの符号を用いて記号化します。それを送ると、途中でノイズの干渉を受けながら受信者のところに届きます。受信者は暗号表にのっとってそれを解読し、発信者が伝えたかったメッセージを復元するのです。

生成モード

一方で、こうした伝達モードですべてのコミュニケーションが説明できるわけではありません。そこでスケールの反対側に設けたのが、本書で「生成モード」と呼ぶコミュニケーションの態度です。「生成 generative」という言葉は、私が参加していた共同研究の中で、メンバーの渡邊淳司さんが提案したものです（研究の内容については第6章でふれます）。

伝達モードの特徴は、伝えるべきメッセージが発信者の中にあり、それが一方的に受信者に伝わってくる、というところにありました。けれども、たとえば日常の会話がしばしばそうであるように、自分がAというつもりで伝えたメッセージが相手にとってはBという別の意味を持つ、ということがありえます。さらには、発言や表情から相手の反応を読み取り、その場で言葉遣いを微調整したり、言うべき内容を修正したりする、ということもあります。つまり、メッセージは必ずしも発信者の中にあらかじめあるわけではないし、発信者から受信者へ一方向に伝わるものではないのです。

たとえばこんなやりとりを考えてみましょう。なんということはない日常のおしゃべりです。

a「知り合いがさあ、海外の工場に発注したらえらい目にあったって」

b「えらい目って？」

a「部品がぴったりはまってないから、使い物にならないんだって」

b「だってそりゃ、マクドナルドとモスバーガーじゃ全然違うじゃん。日本の製品はしっかりしてるよ」

a「それを言うならスタバとドトールじゃない？　俺はマック派だもん」

明らかに、途中で二人の話題がズレています。あるいは少なくとも、aは最初には予想していなかった発言を、最後にしています。

最初、aが話し始めたのは、知り合いが海外の工場に製品を発注したら不良品が多かった、というエピソードです。aはこのエピソードを「知り合いが作っている製品がいかに精密か」という話として持ち出したのかもしれないし、このあとに「会社経営は大変だ」という教訓話をするつもりだったのかもしれません。

ところがbは、このエピソードを「日本のものづくりはすぐれている」という一般論の事例として理解しました（もちろんこの一般論はbの考えであって、実際に正しいかどうかは別問題です）。bはすかさず、aの話にマクドナルドとモスバーガーの比較で応えます。「aの知人が海外の工場に作らせた製品」vs.「aの知人が国内の工場で作らせた製品」という対比に、「アメリカ企業であるマクドナルド」vs.「日本の企業であるモスバーガー」という対比を重ねたのです。

ところがそれを聞いたａは、少なくともこの段階では自分の本題に帰るわけでもなく、「スターバックス」vs.「ドトール」という別の対比を用いることを提案しています。なぜならａは、モスバーガーよりもマクドナルドの方が自分の好みにあっていると考えているからです。もしマクドナルドの方が美味しいと考えるのならば、「必ずしも日本の製品の方が優れているとは言えない」という結論に達しそうですが、ａはそうは言わずに、まるで「同じ職種の外資系企業と日系企業を比べるゲーム」を始めてしまったかのようです。知人の話は少なくとも一時的に、どこかに消えてしまっています。

「話がズレている」と言ってしまえばそれまでですが、日常のおしゃべりの多くは、流れのなかで多かれ少なかれこんなふうに話題が移り変わっていくものです。もちろん会議のようにきちんと情報を伝える必要がある場合や、日常のおしゃべりでもきちんと伝えるべき内容があれば、話が変わったことを正したり、あるいは後からもとにもどったりするでしょう。けれども、それが会話である以上、話す人は最初に予定していた通りの内容を、まるで再生するように相手に一方的に「伝達」することはそう多くありません。自分の発言に対する相手の反応に応じたり、引っ張られたりしながら、その場で言うべき内容を生み出しています。

このように、やりとりの中で、メッセージが持つ意味や、メッセージそのものが生み出されていくタイプのコミュニケーションがあります。これが「生成モード」です。

伝達モードでは、発信者が、あらかじめ準備されたメッセージを、受信者に向けて一方的に発していました。これに対し生成モードでは、やりとりは双方向的になります。つまり、「発信者／受信者」

という役割分担が意味を成さなくなるのです。

そこでは、あらかじめ準備されたメッセージが相手のもとで違う意味を持ってしまうことは、コミュニケーションの失敗ではありません。生成モードにおいては、やりとりの中に生じるそうした「ズレ」こそが、次のコミュニケーションを生み出していく促進要因になるのです。

生成モードの特徴は、この「その場で作られていく」というライブ感です。このライブ感に、発信者も受信者も（と仮に呼びます）巻き込まれているのです。つまり、メッセージがコミュニケーションの外部に存在しているのではなく、それと一体化したものとして、生まれてくるのです。

倫理学者の水谷雅彦は、こうした「その場で作られていく」ようなコミュニケーションのあり方について、こんなふうに述べています。「意味の発生がコミュニケーションの外部に由来するのではなく、まさしくコミュニケーションそのものの内部においてはじめて意味が発生するということ、つまり意味創造の場としてのコミュニケーションという発想こそが肝要なのである[2]」。

もっとも実際には、先に「伝達モード」の例であげた結婚式のスピーチのような場合でも、多かれ少なかれ生成的な要素が混じっているでしょう。話者の緊張した面持ちを見て、フロアにいるゲストから合いの手が入るかもしれませんし、そのような明確な双方向性がなくとも、新郎新婦の表情や、ゲストの集中度合いに応じて、話者は用意していた言葉遣いを微妙に変えるでしょう。その意味では結婚式のスピーチは、話者だけでなくその場にいる人全員によって作られたものである、と言うこともできます。

あるいは、社会人類学者の谷泰は、コミュニケーション全般を伝達モード的にとらえることを否定しています。発信者側（谷の言い方では「伝達主体」）の意図を決めることなど不可能であるからです。

「コミュニケーションを伝達とみなすとき、とうぜんそこに伝達主体の意図が問題となる。つまり情報としてなにを伝えようとするか、その内容をひとまず情報意図として、それを伝えようとするものは、同時に情報意図を伝えようとする伝達意図をもっていなければならない。また、ある情報を伝達しようと意図しているものは、意図どおりに情報が伝達されるように発話しなければならない。（……）それにしても、ひとつの発話文が、文脈状況に応じて、さまざまな意味に読み取られることを、われわれは知っている。おまけにある相手のなにげない発話をつうじて、相手の意図せざる想定や注目の所在がみえ、伝達を意図していない、その点で相手の知らない相手についての知識をうるという経験を、われわれは少なからずしている」[3]。

こうした視点は確かに重要です。ただ、すべてのコミュニケーションを生成モデルで捉えるというのは、少し極端であるようにも思います。政治家のテレビ演説や国王のスピーチとなれば、やはり伝達的な傾向が強まります。むしろ、場面によって、伝達／生成の割合が異なると考えたほうが自然ではないでしょうか。

このような場面ごとの違いを加味して、本書では「伝達モード」を一方の極として残し、もう一方の極を「生成モード」として、その間にさまざまなコミュニケーションを位置づけられるようにしました。一見伝達の度合いが高いように見えるコミュニケーションでも、そこには何らかの生成的要素が紛れ込んでいる。その逆もまたしかりで、生成の度合いが高いように見えるコミュニケーションでも、参加者の中に何かを伝えようとする意図がまったくないということはありえず、成功するか分からない「賭け」として、常に伝達的要素は含まれています。

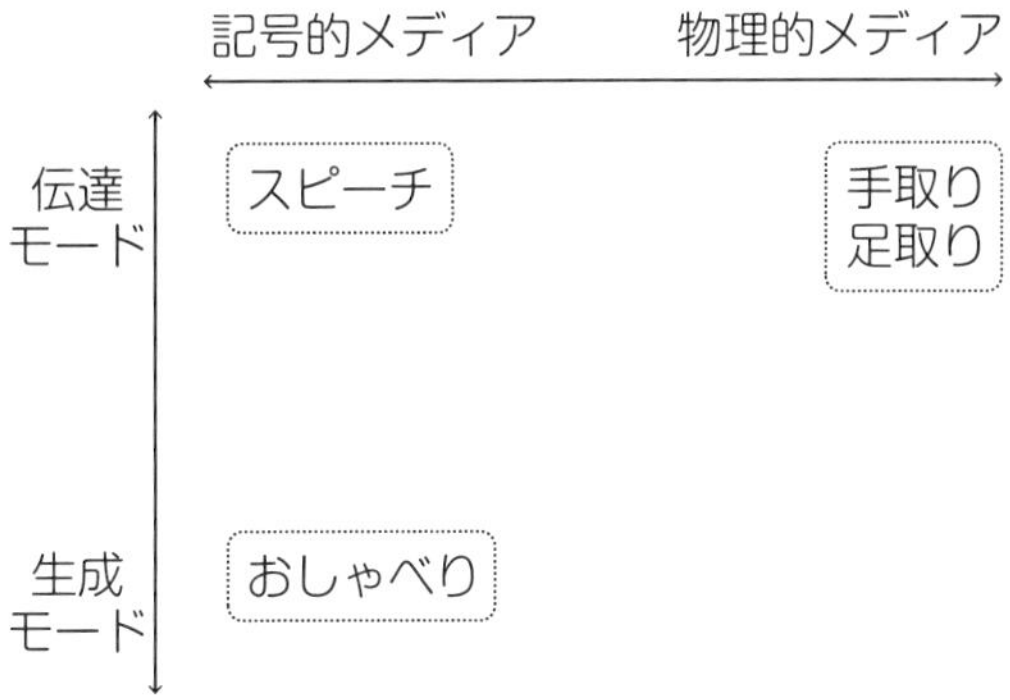

図3　メディア／モードによるコミュニケーションの分類

「さわる」は伝達、「ふれる」は生成

さて、ようやく準備が整いました。図3にあるように、「メディア」と「モード」の二つの基準を設けることによって、さまざまなコミュニケーションをその特徴に応じてマッピングすることができるようになりました。

すでにお話したとおり、本書は触覚をテーマにしていますから、図3の右側の領域、すなわち「物理的メディア」にフォーカスを当てています。繰り返しになりますが、このことは必ずしも「物理的メディアだけを使ってコミュニケーションをする」ということではありません。「さわりながらしゃべる」ようなマルチモーダリティを前提にしつつ、とくにその物理的な部分に注目しています。

結論から言ってしまうと、障害に関わる場面では、コミュニケーションがどうしても「伝達」寄りになりがちです。これは、メディアが記号的であれ、物理的であれ、同じです。どうしても、健常者の側に正解があり、それを障害のある人に伝える、というふうになってしまう。

たとえば第3章で登場していただいた西島玲那さんは、一九歳で目が見えなくなってから、「毎日がはとバスツアーになった」と言います。「右にコンビニがあります」「左に郵便局があります」と、介助者が言葉でいろいろ教えてくれる。それはとても楽なのだけれど、「言われたとおりのお客さん」になっていくようで居心地が悪く、かといって相手が善意でやってくれていることは分かっていたので断ることもできない。いろいろな人のガイドを「受け入れる」という感じで、自我が崩壊するようだった、と言います。

障害者運動の文脈で言えば、これは当事者の自己決定に関わることです。健常者が善意によって何かを伝えようとすればするほど、コミュニケーションが伝達的になり、それが相手の「こうしたい」という思いを奪ってしまうことになる。もちろん危険が迫っている場合には問答無用でそのことを伝達すべきですが、かといってつねに先回りして伝えていたら、それは相手の挑戦の芽を摘むことになってしまうでしょう。伝達モードは「安全」と相性がいいですが、それでは「信頼」は育まれません。

そこで重要になるのが「生成モード」です。伝達が支配しがちな関係に、いかに「その場で生みだしていく」という生成の要素を取り込んでいくか。仮に「してあげる」とか「教えてあげる」のつもりで始めた関係のなかにも、実は「ライブ感」があるはずです。このライブ感をいかに拾い、その可能性を引き出して、双方向的な関係に変えていくのか。スローガン風に言うなら、考えなければならないことは「伝達から生成へ」です。

以下、本書のテーマである触覚的なコミュニケーションに関して、伝達モードのそれと生成モードのそれがどのように違うのか、具体的に考えていきたいと思います。結論から言うと、ここまで「さわる」と呼んできたものが伝達モードに、「ふれる」と呼んできたものが生成モードに対応しています。「伝達から生成へ」とはすなわち「さわるからふれるへ」です（図4）。

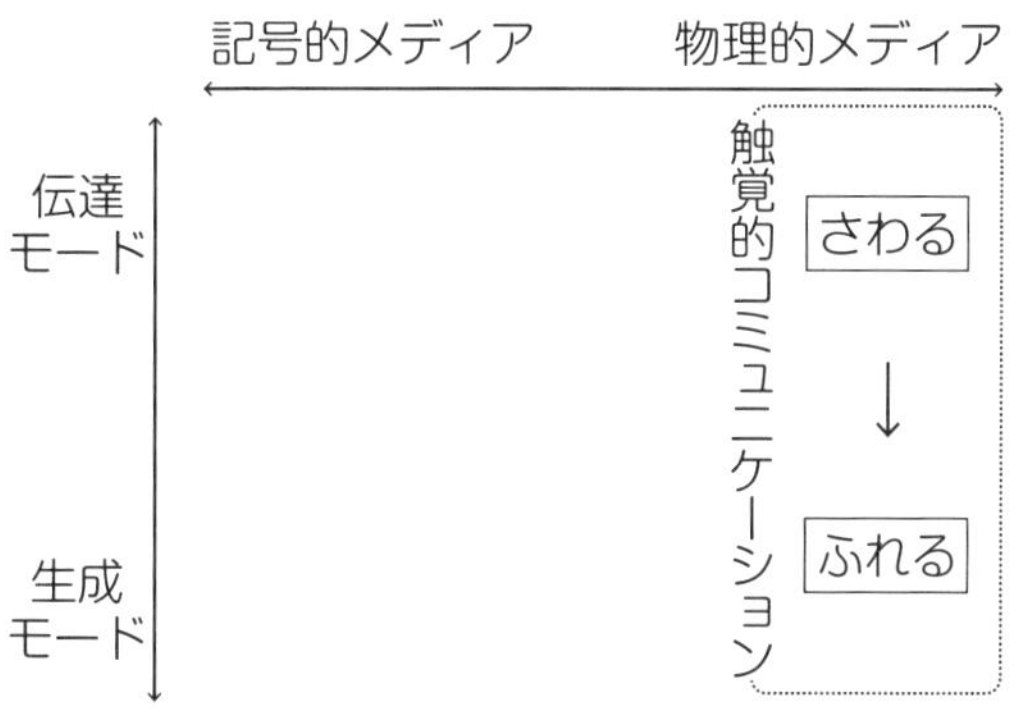

図4　「さわる」は伝達、「ふれる」は生成

もちろん、「さわる」は本来、物に対する触覚を指し示す言葉です。しかし、そのアプローチの仕方が一方的な、つまり伝達的なモードになるとき、人の体に対する触覚であったとしても、それは「さわる」になってしまいます。目も合わせずに、人の肩に突然手を当てる。そんなときは「さわる」です。

緊急の危険が迫っているときなどは、とっさに「さわる」が必要なこともあるでしょう。けれども、それはどんなに相手の身のためになっていたとしても、一時的に相手を物として扱っていることになります。「ふれる」を取り戻す必要があります。それは、倫理が発生する、人と人の関係を含んだ触覚です。

「ふれあい」という言葉は、一般に、共感的でいつくしむような情緒的な交わりを指します。しかし、文字通りの「ふれ・あう」、つまり接触のさなかに起こっているのは、共感を持ちながらも接触のパターンをお互いに微調整したり交渉したりするような、じりじりとした動的なプロセスです。何度も強調しているとおり、それは「コミュニケーション」です。

以下、それがどのようなコミュニケーションなのかを具体的に明らかにしていきます。「ふれあい」の状態的なイメージではなく、「ふれ・あう」の動的なイメージでとらえることが重要です。

ほどきつつ拾い合う関係

最初に参照したいのは、第2章でも言及した脳性まひ当事者で小児科医の熊谷晋一郎が、子供の頃に体験したリハビリです。

熊谷は、物心つく前から一八歳になるまで、毎日リハビリを行っていました。熊谷の体は、首から下が常に緊張しており、四肢の可動域が狭いという特徴があります。現在は電動車椅子に乗って生活していますが、当時は「リハビリをすれば脳性まひは治る」という考え方が主流。「健常者のように」体を動かせるようになるための厳しい訓練がなされていました。小学生のときで言えば一回一時間ほどのリハビリを毎日三セット、夏休みには施設でのリハビリ強化キャンプ。痛みを伴うリハビリという行為が、日常生活の一部になっていました。

そのリハビリの中で経験したトレイナーとのやりとりを、熊谷はいくつかのタイプに分類しています。

たとえば、熊谷が《ほどきつつ拾い合う関係》と呼ぶやりとり。これは、本書で言うところの「物理的―生成的なコミュニケーション」、つまり「ふれる」に該当すると考えられる、心地よいコミュニケーションのタイプです。少し長いですが引用します。

> 《ほどきつつ拾い合う関係》において、たとえばトレイナーが私の腕を伸ばすとき、トレイナーの「腕を引っ張る」という動きと、私の「腕が伸びる」という動きはセットになっている。ここで、「腕を引っ張る」が能動的運動で、「腕が伸びる」というのは能動的運動によって引き起こされた受動的運動のように思われがちである。それは間違いではないけれど、それほど単純でもない。
>
> 　トレイナーは、私の腕の伸びぐあいや筋肉の張りを感受しながら、「腕を引っ張る」力の強さを調節しているのであって、そういう意味では、私の「腕が伸びる」が能動的で、トレイナーの「腕を引っ張る」が受動的ともみなしうるのだ。このように、私の腕の動きとトレイナーの腕の動きとのあいだには、相互に情報を拾い合い、影響を与え合う関係が、ある程度成立している。[4]

「体の専門家」であるトレイナーが、熊谷のリハビリをサポートする。この場合、確かに表面上は「トレイナーが熊谷の腕を引っ張って」います。けれども、この《ほどきつつ拾い合う関係》において、動作の主体は見た目ほど単純ではありません。第3章で指摘したとおり、接触をデザインする主導権は、接続した瞬間に決まって終わりではありません。いったん接触が成立したあとでも、どちらが主導権を握るのか、つまりどちらがふれる側でどちらがふれられる側なのかは、小刻みに変わりうるものです。

トレイナーはここで、第2章で論じたような「内部に入り込む」触覚を使っています。腕にふれながらも、手が直接ふれている皮膚についてではなく、その奥にある伸びや張りを感じとっている。いわば、熊谷の腕の状態に「耳を傾けて」います。行為中の実態により即していえば、これは、トレイナーが、「引っ張る」という自分の行為に対する、腕からのリアクションを聞いているということでしょう。「腕からのリアクション」と書きましたが、そこには熊谷自身の心理的な抵抗や緊張、あるいは「こうしてほしい」という欲望も混じっていたはずです。「内部の動きを聞く」ことは、単なるモノの精度を確認するような作業ではなかったはずです。

トレイナーの中には、何らかの目標や理想があったかもしれません。けれども、実際に腕にふれてやりとりする段階で、「これが正しい位置です」とばかり熊谷の腕を引っ張る伝達型のコミュニケーションから離れていきます。代わりに、伸ばす速度や角度、あるいは距離を、リアクションに応じて調整する生成型のコミュニケーションを行っている。

「腕の伸ばし方」をこの場合のメッセージ内容とするならば、それはあらかじめ発信者＝トレイナーの側に用意されていたのではなく、熊谷と相談しながら、「ここまでだな」と合意できる落としどころが、物理的なやりとりの中で作りだされています。ふれたことによって生じたリアクションを無視せず、それにアンテナを張り、きちんとキャッチする。これが熊谷の言う「拾い合う」というニュアンスでしょう。

相手の体に入り込み合う

《ほどきつつ拾い合う関係》にあるとき、「二人のまなざしが注がれる先がそろってくる」と熊谷は言います。「お互いが相手の腕の動きを探り合っているときは、二人の意識の中で『私の腕』と『トレイナーの腕』が、これから関係を取り結ぼうとする接触点としてまなざされている」[5]。二つの体が物理的に接触する地点において、生まれていくメッセージに二人がともに注意を向けている。生成的コミュニケーションならではの、じりじりと持続する連続的な関係です。

生成的なやりとりは、発信者と受信者という役割が曖昧になるという特徴を持っていました。この場合も同様です。ぱっと見の印象は「トレイナーが熊谷の腕を引っ張っている」かもしれない。しかしその実態は、先の引用にあったように、実は熊谷の「腕が伸びる」が能動的で、トレイナーの「腕を引っ張る」が受動的ともみなしうるような関係も生じているのです。もしこの介助が純粋に伝達的であったなら、「介助する側」と「介助される側」という役割が固定されていたでしょう。しかし、生成的な介助においては、そうではない。「このようなときには、私の動きによってトレイナーの動きをある程度操ることができる」と熊谷は言います。

この能動と受動が曖昧になる関係のなかで、熊谷は、自分の体とトレイナーの体が融合してくる、と言います。二人の関係が「ほどきつつ」と言われる所以です。

こうして調和が目指されているときに、互いが相手の身体に入り込みあい、まなざしを二人が共有することになる。このような、つながりつつある二人が共有する「二つの対象に向かう複眼的なまなざし」を、「融和的なまなざし」と呼ぶことにしようと思う。このまなざしは、私一人の身体やそこからの単眼的な視点に収まっていないという意味で、客観性を備えていると言える。[6]

重要なのは、輪郭がゆらいだ先にある「融和」が「一体化」とは違う、ということです。互いに相手の体に入り込む二つの体のあいだには、変化する相手の体の状態を聞き取ろうとする、じりじりとしたコミュニケーションの持続があります。つまり「拾い合う」がある。この「拾い合う」がなければ、「ほどきつつ」は容易に瓦解してしまうでしょう。融和は、永遠に混じり合わない二つの液体のあいだに生じる渦のようなもの、とでも言えばいいでしょうか。渦は、二つの液体が活発にかき混ぜられているあいだだけ、境界面に出現します。

実際、トレイナーとのあいだに「拾い合う」という動的な関係を築くことができないとき、やりとりは暴力的なものになると熊谷は言います。それはつまり、トレイナーが、熊谷の体からの情報を拾わず、自分の意のままに体を動かそうとするようなケースです。本章の分類で言うなら、まさに伝達モードの「さわる」コミュニケーションということになるでしょう。

そのような伝達的な関係を、熊谷は《加害／被害関係》と呼び、以下のように分析します。

《加害／被害関係》において体が見捨てられていくときの、体のパーツを一つずつ切り離して統一感が失われていく感じというのは、（……）私にとって無関係なモノとして体のパーツを見捨てていくプロセスだ。

そこでは、体のパーツが次々に減っていく感じで身体の統一感が失われていく。私はもはや、切り離された腕や足といった体のパーツから発せられる痛みを、我がことのように感じにくくなっている。私の体とトレイナーの体とのあいだにあったはずの自他の境界は、体のパーツを一つまた一つと略奪されるに伴って、どんどんと私側に押し寄せてくる。そして最終的には、体のほとんどをトレイナーに奪われて、「私」は体を持たずに宙に浮いた存在のようになる。

身体を奪われたことによって宙に浮かぶ「私」というのは、私の身体からの情報も、トレイナーの身体からの情報も、ほとんど入ってこない状態になっている。[7]

何とも痛ましいことに、ここでは熊谷の体が「次々に減って」います。熊谷の体は、トレイナーが「こうあるべき」と考える正しい体のあり方を伝え、実現するための単なる道具になってしまっていて、そこには双方向的なやりとりはありません。おそらくはその痛みに耐えるためでしょう、熊谷は自分の体のパーツを、一つまた一つと手放していくのです。領土を失い、輪郭を縮小していく体。情報を拾ってもらえないことによって、体は単なる物と化し、「さわられる」だけの対象になっていきます。しまいには体ごとトレイナーに奪われ、熊谷は自分の体に起こっていることを自分のこととしては感じなくなっています。

自分は正解を知っていると思っている人ほど、つまりトレイナーとしての自信がある人ほど、もしかすると伝達モードに落ち入りやすいのかもしれません。倫理には、道徳とは違って、いつでもどこでも通用する「一般」はありません。この意味で、倫理は常に生成的です。「こうあるべきだ」という一般則としての道徳の価値を知りつつも、具体的な状況というライブ感のなかで行動指針を生み出し続けること。手の倫理は、接触を通して相手の体を生きさせることと密接な関係があります。

死にゆく体を「さわる」

このように、相手との関係のなかで行動指針を生み出し続ける生成モードは、触覚的なコミュニケーションが暴力的にならないために不可欠な態度であるといえます。それは「ふれる」のあるべき姿です。

そのことを前提にしつつ、しかし、ときには「さわる」が有効な場面があります。序で、医師が患者を触診するときの、感情的な湿度を排した「さわる」について指摘しました。そこにあるのは、医師としての専門的知識を前提にした、科学の対象として患者の身体を扱うための「距離」です。

しかし、自分が持つ知識や技術を含め、あらゆる先入観を排除した「さわる」もあります。医師の「さわる」が能動的であるのに対して、この「さわる」は完全に受動的な触覚です。どちらも一方向的ですが、医師のそれとはベクトルが違います。

この受動的な「さわる」が求められるのは、たとえば死に向かう体と関わるときです。福岡の特別養護老人ホーム「よりあいの森」施設長をつとめる村瀬孝生は、お年寄りを看取るとき、いかにその体に「さわる」ことが重要であるか語っています。

村瀬は意識的に「さわる」と「ふれる」を区別して定義しているわけではありません。しかし、その著作を読むと、一貫して「さわる」という言葉が使われていることに、強い印象を受けます。

> 八重子さんは僕たちに身体をゆだね、僕たちは八重子さんの身体をさわり続ける。そうやって、ときを重ねてきた。
>
> もうそれも終わるのだ。あの身体はやがて灰となり土に還る。もう二度とさわることもないと思うと、八重子さんの身体が尊さと畏怖を帯びてくる。みなが争って八重子さんの介護をしたがる。あの身体をさわろうとするのだ。[8]

村瀬が指摘するように、私たちの社会において、体が死にたいように死ぬことはほとんど不可能な願いになっています。まわりにいる家族や親戚の思惑や、医療の高度化によって、延命治療をするにせよ、しないにせよ、人間的な選択の結果として「死」というイベントが起こるからです。

村瀬の「さわる」は、こうした管理の外側にある「生き物としての死」を感じ取るための技法です。死が近づくと、一日は二四時間ではなくなる、と村瀬は言います。たとえば、先の引用にあった八重子さんは、しだいに食が細くなり、排尿の間隔も長くなり、よく眠るようになって、一日は四八時間にまで長くなっていました。

死は、こうした緩慢さの先にあります。その体はいつ逝こうとしているのか。本人が決めたそのタイミングを聞き取るために必要なのは、生者の願望や都合が入り込む双方向的な「ふれる」ではありません。求められるのは、体の生理的な声を虚心坦懐に受け取る「さわる」です。「さわる」で向き合うとき、体はその「有限性」を教えてくれる、と村瀬は言います。

老衰死とは病死でも事故死でもない。その死に立ち会う家族に求められる態度というものがあるように思える。その態度を養うには、閉じてゆく父親、母親、おじいちゃん、おばあちゃんの身体に触り続けることが必要であるように感じている。身体の有限性を触ることで知るのである。[9]

さわりつづけることで、自然としての体の摂理が迎える終わりを知る。深い示唆に満ちたことばです。ヘルダーは、触覚がとらえるのは「声高に語る自然のことば」であると語っていました。そのことばは、自らの終わりについても語ることばであるでしょう。

それは本来、私たち人間がどうこうできる領域の外部にあることばです。村瀬は言います。「そもそも老衰死は自由意志による選択、自己決定、自己責任、契約、賠償、情報公開、外部評価といった領域に存在していない。その枠外でおこなわれた労働から共同性が生まれるように思う[10]」。

ここには、人間の手には負えない「絶対的な遠さ」を前提にした触覚、受け身でしかありえない、交感を拒絶する「さわる」の極致があります。医師の「さわる」は専門的な知識にもとづく一方向の支配的な距離を作り出していましたが、村瀬が語るのは「尊さ」や「畏怖」としての距離を含み込んだ「さわる」です。

体が生き物であり、触覚がこの生命に関わるものであるかぎり、すべてを「ふれる」の人間的次元に還元することはできません。「ふれる」の外部には、人間の手には負えないものを「さわる」触覚があります。

このように考えていくと、ここまで論じてきた「さわる」と「ふれる」の区別は、見た目ほど単純ではないことに気づかされます。確かに、大局的にみれば、私たちの接触的なコミュニケーションは、医師などのように特定の専門的な知識を背景としないかぎり、一方的に伝達する「さわる」ではなく、双方向に生成していく「ふれる」を目指すべきだ、ということになります。

けれども、「ふれる」を突き詰めていくと、その果てには「さわる」が、つまり「ふれあう」ことなど不可能な存在として相手が立ち現れてくる次元がある。誠実であろうとすればするほど、他者に対する態度は非人間的な「さわる」に接近していきます。

哲学者の鷲田清一は、人の声を聞くことが持つ触覚的な側面について論じながら、「ふれる」のなかに、実は「さわる」が含まれていることを指摘しています。相手にふれながら、そこにある「異質さ」にさわってもいる。「ふれる」には、坂部が言うような「自分と他者の境界の溶解」あるいは「相互嵌入」で片付けるべきではないような部分があるのではないか、と鷲田は言います。

> その変調、そのきめの微かな変化に、「ふれる」こととしての「さわる」もあるのである。そして、自—他の溶解としての「ふれあい」よりもむしろ、このような異質さそのものに「ふれる」こととしての「さわる」こと、つまり距離を置いたままの接触のなかにこそ、より深い自—他の交感が訪れることがあるのである。[11]

距離を置いたままの接触としての「さわる」。「ふれる」の中に生じるこの距離にこそ、自—他が溶解する「ふれあい」よりも深い他者との関わりがあるのではないか、と鷲田は言います。村瀬の言葉を借りるならば、「尊さと畏怖」こそが可能にするような「ふれる」があるのではないか。このように考えていくと、「ふれる」と「さわる」は単純に対立するものではなく、入れ子構造のような関係をなしていることがわかります。

私たちの体はしょせん物質であり、自然であり、時間的に変化していくものです。相手との触覚的なコミュニケーションが、その根底に、非人間的な、つまり倫理を超えた自然の次元を含んでいるということ。手の倫理は、この次元に対する「尊さと畏怖」を含んだものでなくてはなりません。

「できなさ」からの再編集

このように、私たちの手はときに、「人間の手には負えない」という不可能性にふれさえします。村瀬が語るのは、死という絶対的な「手に負えなさ」でしたが、単にその個人にとって、あるいはその状況にとって「できない」という意味での不可能性が「ふれる」にとって重要な役割を果たすこともあります。

生成的なモードの創造性は、必ずしも「できる」という前向きの可能性から生まれるとは限りません。倫理が問題になるのは、「こうあるべきだ」という道徳的な理想が実現できないときです。第1章で確認したように、倫理とはむしろ「できないこと」に出会い、悩む、限界確認の作業に他なりません。

熊谷とトレイナーの例では、主に熊谷の身体的な限界をめぐって、二人のやりとりがなされていました。しかし、その逆のケースももちろんありえます。つまり、トレイナーのような健常者の側の条件によって、「できること／できないこと」の境界が決まり、障害の当事者の側が「こうあるべきだ」という理想を離れるというケースです。

社会学者であり、また実際に介助者としての経験を持つ前田拓也は、まさにこの「できなさ」に注目しながら介助の経験を丁寧に記述しています。

確かに、障害者運動の中で語られてきた「介助者手足論」という考え方、つまり「介助者は障害当事者のやりたいことを実現する手足となるべきだ」という理想は重要です。でも、それは「ある意味で『無茶な』物言い」だと前田は言います。なぜなら、「介助者が障害当事者の身体の延長になる」なんてことは、実際には不可能だからです。介助者は実際の手や足とはやはり違うのであって、「念じたら叶う」ようなことは起こり得ないからです。

そこで前田が挙げるのは、彼が実際に経験した「お風呂」をめぐる一件です。ある日、前田が利用者のところに行くと、毎日剃っていたはずのヒゲがずいぶん伸びていた。聞くと、三日前から風呂に入っていないらしい。なぜ風呂に入らなかったのかと尋ねると、どうやら別の介助者の入浴介助の技術に不安を感じており、入浴の介助を頼まなかったそうだ。怖い思いをしてから、その介助者には入浴介助を頼まなくなり、それ以来、相手も「この人はあまり風呂に入らない人だ」と思っているようである。

つまり、ここでは介助者の側の「できなさ」が、利用者とのあいだでの「介助の落としどころ」を決める要因になっているのです。介助において、ひとりひとり異なる技術や条件を持つ介助者の存在を、匿名化することはできません。あくまで、「この人だからこそ」のコミュニケーションのなかで、何を介助するかが決まってきます。そのことを、前田はこう分析します。

介助者は、利用者の行為目的を達成するための手段でありながら、いや、手段であるからこそ、目的を設定するレベルで、すでに介入していることになる。行為目的は純粋に利用者の自己決定によって措定されるとはかぎらず、場合によっては、手段である介助者のポテンシャルによって制限される。そして、その目的が介助者に伝えられることはない。その利用者が、「ほんとうはしたいこと」があったとしても、それを介助者に指示できないという時点で、介助者は彼の「したいこと」を知ることすらできないのだ。さらには、「ほんとうはしたいこと」を知ることができないことによって、自分が利用者の「したいこと」に介入し、制限していることにもまた、気づくことはできないことになる。[12]

これは、必ずしも「スキル」の問題だけではないでしょう。「気が合う相手だから言える」こともあれば、「年齢差があるからできない」こともあるはずです。また、ここで挙げられているのは、「風呂に入る／入らない」という行為の大きなまとまりに関する「できる／できない」ですが、もっとミクロなレベルでも、さまざまな「できる／できない」がやりとりを制限し、あるいは作り出しているはずです。歯を磨く、服を着せる、背中をさする……その接触のひとつひとつにおいて、「ここまではできる」「それは無理」「こっちは気持ちいい」といった無言の対話がなされ、介助の再編集が起こっています。

あるいは、ここまでの議論をくつがえすようですが、伝達モードを積極的に取り込まなければならないような再編集もありえるでしょう。

たとえば、「ここまで腕を引っ張ったらどうですか」と確認するためには、いったん伝達的に腕を引っ張ってみなければなりません。あるいは介助を受ける側からしたって、食事はどの料理から食べるか、入浴では体のどこから洗うか、いちいち生成的にコミュニケーションをしてゼロからつくりあげていくのは面倒くさいかもしれない。「適当にやってくれ」というオーダーが入ったら、介助者はオレ流のやり方で、つまり伝達的に相手に関わってみなければならない。

もちろん、これらは介助を受ける側に「ちがう」と反論する余地がありますから、頭ごなしの伝達的コミュニケーションとは異なります。けれども、生成的コミュニケーションの中には、ミクロに見ていけば、伝達的コミュニケーションの要素が含まれていることに注意しなければなりません。

こうしたことを踏まえつつ、前田は、介助はやりとりに先立ってではなくその中から生まれてくるものだ、と言います。まさに、メッセージがコミュニケーションの「外」ではなく「中」に生まれてくる、生成的なコミュニケーションならではの特徴です。前田は、このことを〈によって by〉と〈において in〉の対比として語っています。

リテラルな意味での「介助者手足論」では、介助者を機能的に捉え、純粋な手段／道具と捉えることから、介助者に指示を出すこと〈によって〉目的を実現することになる。しかし現実には、介助は「〈において〉の関係」のうちにおこなわれている。[13]

繰り返すように、当事者の自己決定が大前提として重要であることは言うまでもありません。けれども実際の介助は、具体的な介助者との関係〈において〉しか成立しません。この〈において〉の生成性にきちんと向き合うときに、倫理の問題が立ち上がります。逆に目をつむるとしたら、それは介助を「以心伝心」の技として神秘化する危険な道でしょう。

「介助」アレンジメント－複合体

こうした〈において〉の生成性のなかでやりとりを編集し続ける介助者と利用者の関係を、前田は、文芸評論家の小倉虫太郎の言葉を借りて、「『介助』アレンジメント－複合体」と呼びます。小倉は介助者が車椅子を押すという状況を念頭に、以下のように論じます。

「障害者」も「介助者」もどちらもが主体であったり、客体であったりすることはなく、いわば「介助」アレンジメント－複合体として歩く方向と速度と調子が暫時的に決定されていくのである。そしてさらに、歩いている時に遭遇する障害物、標識や知人、駅の階段を上り下りをする時の通行人への呼びかけ、両者の反応と行為は、非対称的でありつつ連動し、しかも「遅れ」は無視されず、あくまで「遅れ」をめぐって歩き回る車椅子の「介助」アレンジメントは、暫時的に再 - 組織化されていく……。車椅子が進む方向を決定する主体は、「障害者」ではありながら、しかし厳密には、「介助者」が介入する余地が全くないわけではないのである。ここには、単純な主体 - 道具といった図式では表現できないいわば奇跡的なアレンジメントが出現しているわけである。[14]

ここで小倉は、介助する体と介助される体だけでなく、階段や障害物といった物理的な環境、さらには通行人とのやりとりといった社会的環境をも含めて、多様なエージェントから成る「『介助』アレンジメント - 複合体」が、車椅子の進む方向・速度・調子を決めていく、と指摘しています。

重要なのはやはり、この組織化＝アレンジメントが常に「暫時的」であることでしょう。行為に関わる要素は刻々と変化しますし、それらの要素が織りなす押したり引いたりの力の布置も常に変化しています。加えてそこには、意志がすぐに伝わらないというコミュニケーションの「遅れ」もあるでしょう。ひとくちに「車椅子で行く」と言っても、それを実現しているのは、きわめて即興的な生成であり、そこには「自己決定」というようなことを簡単には定義できなくなる、行為そのもののリアリティがあります。

さて、ここまで本章では、相手の体にふれながら関わる「触覚的なやりとり」が持つ特徴を、コミュニケーションという観点から分析してきました。そこにあるのは、体という物理的なメディアを使いながら、「できない」という限界も含めてコミュニケーションの中でメッセージが生成されていくようなやりとりでした。そして、この生成的なやりとりにおいては、どちらが能動的な発信主体で、どちらが受動的な受信主体かを決められないような「アレンジメント－複合体」が形成されていました。

この「アレンジメント－複合体」のひとつの見事な例は、序でもとりあげた視覚障害者の長距離走の伴走です。次章では、本章で論じてきた内容の具体的な例として、この伴走の経験をとりあげたいと思います。

第5章

共鳴

本章では、前章で分析した「物理的―生成的なコミュニケーション」の例として、視覚障害者の伴走をとりあげたいと思います。走っているさなか、目の見えないランナーと、目の見える伴走者のあいだで、どんなやりとりが生まれているのでしょうか。

キーワードは「共鳴」です。前章で論じたように、生成的なやりとりにおいては、どちらが能動的な発信者で、どちらが受動的な受信者かを決められないような状態が生まれます。伴走も同じで、多くのベテラン走者が、「伴走してもらう／伴走してあげる」という関係ではなくなると言います。その代わりに起こるのが、「共鳴」です。

東京を中心に活動する「バンバンクラブ」という目の見えないブラインドランナーと伴走者のためのコミュニティがあります。走るだけでなくウォーキングもやっているので、「伴」走と「伴」歩、だから「バンバン」クラブという名前がついています。

すごいのは、このバンバンクラブの会員数が、約一七〇〇人もいること（二〇二〇年一月三一日現在）。目の見えない人のみならず、見える人にとっても人気のクラブなのです。この人気の秘密を握る鍵が、どうやら二人で走ることがもたらす「共鳴」の感覚にあるようなのです。

私はこれまでに何度かバンバンクラブの練習に参加させてもらい、さらに二回にわけて、のべ五名のメンバーにインタビューをさせていただく機会がありました。以下では、そのインタビューでのお話をもとに、ランナーと伴走者のあいだで交わされるやりとり、そして共鳴の感覚に迫ってみたいと思います。

ちなみに、バンバンクラブのメンバーは、本名ではなく「バンバンネーム」なるニックネームでお互いを呼ぶ習慣があります。走るときに上からはおるビブスにプリントされているのも、このバンバンネームです。この習慣にしたがって、以下でもインタビュイーをバンバンネームで記したいと思います。[1]

ロープを介したシンクロ

コミュニケーションという観点から伴走について考えるうえでまず重要なのは、「ロープ」の存在です。目の見えないランナーと目の見える伴走者は、直接体をふれ合っているわけではありません。ロープを介して、お互いの体の動きを感じ取っています。

バンバンクラブの練習で長距離を走る場合には、基本的にロープを輪っかにして使います。できた輪っかの一ヵ所を目の見えないランナーが持ち、反対側を目の見える伴走者が持つ。この状態で二人が横に並んで走ります。

クラブに参加してみると、人によってロープに好みがあることが分かります。毛糸のような柔らかい素材を自分で三つ編みにして使っている人もいれば、靴紐を太くしたような専用の紐を使う人もいる。輪のサイズも大きいのが好きという人もいれば、拳がぶつかるほど小さくしている人もいる。持ち方も、ぎゅっと握る人もいれば、小指は外して三本の指をかけて持つ人もいる。要するに、それだけのこだわりをかけるほど、ロープが重要だということです。

そんな思い思いのロープを使って、伴走が始まります。伴走の面白いところは、二人がロープを介してつながった状態で、長い時間、同じ動作を共有するということです。「行為」ではない。「動作」を共有するのです。

「行為の共有」であれば、目の見えない人が日常的に行っていることです。目の見えない人は、日々のガイドにおいて、目の見える人の肘や肩に手を添えて一緒に歩く、という経験をしています。しかしそれは単に同じ方向に向かって、同じ速度で進んでいるだけであって、動作そのものを、つまり体の動きそのものをシンクロさせているわけではありません。

これに対して伴走においては、腕を振るリズム、足を出すタイミング、歩幅、体の向き、といった体の物理的な動きを、ブラインドランナーと伴走者がシンクロさせています。しかも、この状態が数十分から数時間というかなりの長い時間にわたって持続する。中には五〇〇キロを超えるウルトラマラソンに挑戦するブラインドランナーもいますから、そんなときには、休憩をはさんで数日にわたって、二人でリズムを共有しつづけることになります。ちなみにクラブには初心者もたくさんいますが、中にはハイレベルなベテランもいて、私がバンバンクラブに参加したときには、負荷をかけるために一本歯の下駄で楽しそうに走っているペアもいました。

この長時間にわたる動作のシンクロは、ある種の「接続の安定」をもたらします。走るというダイナミックな条件下での接続であるにもかかわらず、リズムが共有されていることによって、かえって安定するのです。走歴七年の全盲の女性ランナー、ドラさんは言います。

走っているときは、二人で同じ動きをしてるんです。紐を持ってますけど、腕が触れそうな状態で同じ動きをしていますよね。日常生活では、あっち向いたりこっち向いたりしているし、こちらも、次は車に乗るんだな、とか先にある行動を予想しながら動いています。ランニングだと、予測しなくてもずっと同じ動きを続けられる。

これは、ひとことで言えば「現在」に集中しやすい、ということでしょう。日常生活においては、次何をするのかな、もうそろそろかな、と「先読み」しながら動くのが通例です。特に目の見えない人の場合は、予測をしていないと、相手は階段を上ったのに、それを知らされずに自分だけつまずいてしまう、なんていうことが起こりかねない。予測することで、相手の運動と自分の運動がずれてしまうリスクを減らすことができるのです。

これに対して、伴走は、同じ「走る」がひたすら続いていきます。そこには、「歩いて、止まって、座る」のような行為の分節はありません。すると、「次」に対する予測のスイッチを切ることができる。「どうなるんだろう」という過剰な疑心暗鬼は無用です。

もちろん、これは何も感じないということではありません。むしろ、予測が不要だからこそ、走るという行為の中で起こっている微細な変化について、感度を高めることができる。未来ではなく、現在に集中しやすくなっています。

足がすくむ

言うまでもなく、この「現在への集中」は、第3章で扱った「信頼」の問題と密接に関係していま す。信じているからこそ、「どうなるんだろう」という予測スイッチを切り、「伴走者といっしょに走る」という行為に身を任せることができるからです。

序で書いたとおり、私もアイマスクをして伴走者と走る体験をしたときには、とてつもない恐怖と不安で、最初は足がすくんでしまいました。伴走してくれたのは大のベテランだったのですが、一歩踏み出そうとするたびに、足元に段差が「見え」たり、目の前に木の枝が「見え」たりするのです。もちろん、アイマスクをしているので、物理的に何かが見えているわけではないのですが、おそらく予測モードが過剰に発動していたのでしょう、段差や木の枝が「ある」ように感じていました。

でもある瞬間、実際には走り始めてほんの数分のうちに、こうした不安と恐怖は私から離れていきました。そのときの感覚は、「大丈夫だ」と確信できたというよりは、「ええい、どうにでもなれ」とあきらめて飛び込む感じに近かったように思います。まさに不確実な要素があると自覚しながらも、ひどい目にあわないだろうと「信頼」した瞬間でした。

あのときの信頼は、果たして何に対する信頼であったのだろう、とときどき思い返します。もちろん、伴走をしてくれたその人に対する信頼は大きかったのですが、それだけではないように思います。二人の人間がロープでつながりながら走るということが可能だ、という行為そのものへの信頼や、それをあたりまえにやってきたブラインドランナーがいるという歴史への信頼、そして自分自身の身体能力への信頼、そういったものが混ざって可能になった「走る」であったように思います。

いったん信頼が生まれてしまえば、そのあとの「走る」の、なんと心地よかったことか。最初はウォーキングでしたが、すぐにおのずとスピードがあがって走り始め、最後は階段をのぼることまでできるようになりました。ずっと走っていたい！　それは、人を一〇〇パーセント信頼してしまったあとの何とも言えない解放感と、味わったことのない不思議な幸福感に満ちた時間でした。

と同時に痛切に感じたのは、いかにふだんの自分が人や状況を信頼していなかったか、ということでした。怪我をする覚悟も含めて人に身を預ける、などということを、私はほとんどしたことがありませんでした。もちろん、子供のころは周囲の大人に身を預けていたはずです。けれども子供は、必ずしも不確実性を分かったうえで信頼しているわけではありません。信じて依存する、というのは私にとって非常に新鮮な経験でした。

あそびから生まれる「共鳴」

では、具体的にロープを介したやりとりについて見ていきましょう。先に指摘したとおり、多くのランナーが口にするのは、長時間にわたって動作をシンクロさせることによって起こる「共鳴」の感覚です。

たとえば全盲の女性ランナー、ジャスミンさんは言います。ジャスミンさんは、フルマラソンを四時間台で走るベテランランナーです。「ロープを持って二人で走っていると、『共鳴』するような感覚があるのですが、お互いの調子があがってくると、はずむようなリズム感が伝わってきて、楽しい、こころが躍る感じがします」。

いわば、揺れる二つの振り子のような状態でしょうか。一本の糸から二つの振り子を垂らし、一方の振り子を手で押して揺らすと、次第にその揺れが伝播してもう一方の振り子も揺れ始める。伴走におけるロープは、まさにこの二つの振り子をつないでいる「横糸」のように、ふたつの体の振動を結びつけます。

振り子にしろ、体にしろ、共鳴のポイントは、「自ずと動く」ところでしょう。押していないのに、あるいは自分が走ろうとする以上に、相手の振動を得て動きが増幅していく。自ずと動くのだから、体は軽く感じられるはずです。ジャスミンさんの「楽しい、こころが躍る感じ」は、そしてバンバンクラブの人気の秘密は、この軽やかさからきていると考えられます。

あらためて実感するのは、ロープの力です。もし、二人のランナーがじかに手をつないで走るとしたら、どうでしょうか。おそらく、目の見える伴走者が目の見えないランナーをぐいぐい引っ張って連れて行くような走り方になってしまうはずです。うまく走れたとしても、そこにあるのは相手の体を道具のように扱う一方的な「伝達」のコミュニケーションであって、決して「楽しい、こころが躍る感じ」ではないはずです。共鳴は生まれようもありません。

でもロープなら、「あそび」ができる。がちがちに固定されていないつながり方だからこそ、多少動きがずれたとしても、ロープがそのずれを吸収してくれます。走っている側も、ずれたことを感じ取って調整する余裕ができます。柔らかいロープだからこそ、バッファとしての機能を持つことができるのです。実際、特に初心者の場合には、ロープを持つときにはピンと張るように持つのではなく、多少たわむようにして持つのが通例です。ロープを持つ手も、人によってはかなり力を抜いてしまう。

重要なのは、このあそびがあるからこそ、ずれを通してお互いの状態を感じ取り合うことができる、ということです。つまり「生成的」なコミュニケーションができる。ゆるいロープによってつながりを間接化することで、二つの体の動きが衝突することなく、混じり合うことができる。第4章で「お互いの体に入り込み合う」状態について論じましたが、ここにあるのはむしろ、「自然と相手の体が入ってくる」状態というべきかもしれません。この「入ってくる」感覚については、のちに改めて検討します。

ロープが神経線維

共鳴は、目が見えないランナーだけでなく、目が見える伴走者にも感じられます。伴走歴一五年のベテラン、リンリンさんは、やぶたろうさんとの過去最高のラン経験をこう語っています。

10年くらい前、佐野マラソンに参加したとき、お互いに調子がよくて、スタートからゴールまでずーっと二人、同じ速いペースでまさに「共鳴」して走れました。最後まで、どっちかがキツいということもなく、かといって楽しているわけでもなく、お互い全力を出し切ってゴールしました。彼は自己ベスト、私も伴走のなかではベストのタイムが出てゴールしてからもお互いキツくない。私のなかの最高のランでしたね。

ベストのタイムが出ているのにお互いキツくない、というのは興味深い指摘です。相手からの振動が入ってくることによって、一人で走るときとは違う、ある種の相乗効果が生まれている、ということでしょう。無理をしたという疲労感も、楽をしたという思い残しもない。リンリンさんは言います。「さっき『共鳴する』という話がありましたが、ほんとにリズムよく走っていると、お互い気持ちよくなってどんどん走れちゃいます」。

ただし、これには逆のケースもあると言います。つまり、お互いに疲れをうつしあってしまうのです。

逆に相手がものすごく苦しそうなときだと、いっしょにゴールした途端、私もヘロヘロになっていたりします。私としてはたいして速く走っていないのに、です。何か、同調しちゃうんです。

共鳴するのは、体調だけではありません。気分のようなもの、具体的には、相手が緊張しているのか、それともリラックスしているのかも、ロープを通して伝わってくると言います。というか、相手が緊張していると、そもそも共鳴が起こりにくい。

全盲の元サブスリーランナー（フルマラソンを三時間以内で完走するランナー）であるラッキーさんは言います。「やはり相手がどれだけ緊張しているか、それともリラックスしているかは非常によく伝わってきますね。緊張していると、動きがギクシャクしたり、腕の振りが止まってしまったりします。相手が緊張しているなと思うときには、さっきの『共鳴』みたいなことや、気持ちのよさがなかなか感じられないです」。

緊張していると、体が硬かったり、動きが一定でなくなったりする。そうなると、相手の振動を受け入れたり、逆に自分の振動を相手に伝えたりするような柔軟性が失われるということでしょう。共鳴の関係が生まれるためには、相手に対する信頼があり、リラックスしていることが必要です。

緊張だけでなく、もう少し具体的な感情が伝わってくることもあります。その「感情が通じる」感覚について、ジャスミンさんはこんなふうに語っています。

ロープのありなしじゃなくて単にそばにいるからかもしれないんですが、おそらくお互い慣れている伴走者の場合は、感情みたいなものが通じることがあります。「あのカラスうるさいな」とか、偶然同じことを考えていたりするんです。伴走者とときどき話すんですが、ロープが神経線維みたいな感じがします。何となく、むむっとしたものが伝わってきて「怒らしちゃったなあ」とか（笑）、そういうのがありますね。自分で心当たりがあるからかもしれませんが（笑）。

「ロープが神経線維」というのは面白い表現です。感情という、本来であれば表情や声、あるいは言葉を介してでないと分からないはずのものが、ロープを介することでダイレクトに伝わってくる。相手の体の状態の変化がそのままこちらに伝播してくるようなその直接性が、この「神経線維」という言葉には込められています。

興味深いのは、この「神経線維」を通じて相手の感情が入ってきた結果、もはやそれが誰の感情なのかが曖昧になっている、ということです。だからこそ、「偶然同じことを考えていた」ということが起こる。二つの体の中で、もはや誰のものとは言えない匿名の感情が響きあっています。

もちろん、ロープだけを特別視するのは危険です。コミュニケーションは常にマルチモーダルですから、ジャスミンさんが言うように、「単にそばにいること」によって息遣いが感じられることや、「相手を怒らせたかもしれないという心当たり」など、感情が発生する文脈も一緒に考えなければなりません。そういったすべての情報を含めて、「共鳴」が起こっていると考えられます。

「伴走してあげる／伴走してもらう」じゃない関係

リンリンさんは、このような共鳴に向かう伴走は、結局「伴走」ではなくなる、と言います。『伴走してあげる』とか『伴走してもらう』じゃない、『一緒に走っている』という感覚ですね」。

「伴走」というと、見える人が見えない人をサポートする、福祉的な行為だと思われがちです。いかにも「介助」といった感じ。ところが実際の身体感覚としては、そこに「伴走してあげる側」と「伴走してもらう側」というような非対称性はない。つまり、伝達ではない、生成的な関係が生まれているのです。

もちろん「見える」と「見えない」という違いはあり、安全を確保する役割は基本的に伴走者の側にあります。だとしても、腕を前後に振るリズムを合わせ、いつしか体調や気分までもが同調してくると、「してあげる／してもらう」のような、「2」の関係が乗り越えられてしまう。役割が曖昧になり、どちらが能動でどちらが受動かということの線引きができなくなるのです。

別の言い方をすれば、二人で行うとき、「走る」は単なる「走る」ではなくなる、ということでしょう。「二人で走ること」は、通常の「一人で走ること×2」ではない。「一緒に走る」というまったく別の経験、まったく別の種目が、そこに立ち上がります。

「伝える」ではなく「伝わっていく」

では、この「共鳴」を、コミュニケーションの観点から考えると、どのようにとらえられるでしょうか。

え、共鳴なんて、単なる「状態」なんじゃないの、と思われるかもしれません。その気持ちよさは、ブランコに揺られるスイングの気持ちよさと同じなんじゃないの、と。

ところが、実際にはそうではありません。走っているあいだ、二人のあいだでは感情以外にも実にさまざまな「情報」がやりとりされているのです。ハイテクな仕掛けも何もない、非常にアナログな道具ですが、ロープは底知れぬ情報伝達力を持っています。

いったいロープは何を伝えるのか。ブラインドランナーのドラさんは、こんなふうに語っています。

伴走者の「判断」が伝わってきますよね。いつも一緒に走っている伴走〔者〕ほど、それほど言葉で説明してもらわなくても、手から伝わってくることから、そうとういろんなことが感じられます。たとえば、「さあこの辺からスピード出していこうか」という「思い」のようなものが、お互いに、手を通して通じあう。あるいはこっちが「ちょっと飛ばしたいな」と思っても、相手が「前が詰まってるから待ちなさい」といったことも伝わってきます。

伴走者の思いや判断。それがロープを介して伝わってくるとドラさんは言います。この場合の例に即して言うなら、車の「ギア」のようなものでしょうか。どのタイミングで、どの程度のスピードを出して走るか。特に試合となれば、体力だけでなく戦略的な要因もからんできますから、「思い」は同時に「判断」になります。慣れた伴走者ほど、それは分かりやすいとドラさんは言います。

　ギアは、伴走者が一方的に決めるものではありません。そもそも伴走者が「このくらいでどうか」と入れたギアにブラインドランナーがついていけないこともあるでしょうし、あるいは逆に、ブラインドランナーが勝負に出ようとすることもあるでしょう。ブラインドランナーの「提案」に対して、伴走者が「待った」の判断をすれば、いまはそれをするのが得策でないことが分かります。このような場合には、「判断」を通じて、コースや他のランナーの様子など「周囲の環境」が見えてくるでしょう。

　つまり、走る二つの体をどんなふうに「運転」するか、その舵取りが、ロープを通じて小刻みにやりとりされているのです。「ここは行きたいな」「よし」、「ちょっとスローダウン」「がんばれ」。言葉に出さなくとも、ロープを介したやりとりを通じて、二人のペースが決まっていきます。まさに生成的なコミュニケーションです。

　ただし、注目したいのは、ドラさんがここで「伝わってくる」という言い方をしていることです。もちろん、ギアチェンジのタイミングを、相手が明確に伝えてくることもあるでしょう。けれども、ロープは、相手の手と直接つながっている以上、伝えようと意図したことも、伝えようと意図していないことも、すべて無差別に伝えてきます。この、ある種の「筒抜け感」が、ドラさんが「伝わってくる」という言葉を使う理由でしょう。

　実際、伝えようとしていないことが伝わる、ということは、伴走に関してはよくあることです。たとえば、ベテラン伴走者のリンリンさんは言います。

子どもが飛び出してきたけれども、大丈夫かなと思って特に言わないでそのまま行こうとすると、「いまの子どもでしょ?」って言われます。ものすごく微妙な動きでも読まれてしまいます。私の精神状態や体調も読まれますよ。この前も風邪をひいていたら「気管がおかしい」と言われました。

子供が飛び出してきた瞬間、リンリンさんの体は少し緊張したのでしょう。一瞬身構えたけれど、でも子供は走路に入ってくるほどではなかった。だから、ブラインドランナーにはそのことを言葉では伝えませんでした。それなのに、「いまの子どもでしょ?」と、「伝わって」しまった。リンリンさんの体に反射的に起こったわずかな緊張を、ブラインドランナーが見逃さなかったのです。

この「筒抜け感」は、ドラさんも指摘していたとおり、慣れた相手であれば、いっそう高まるでしょう。その人がどんなときにどんな緊張の仕方をするのか、何度も伴走を重ねていくうちに、およそ分かってくるはずです。初めての相手だったとしても、ランニングは一定時間同じ動作を持続させますから、それだけで経験値になります。「接続の持続」がちょっとしたブレの意味を伝わりやすくするのです。

別の伴走者は坂道のことを話していました。だいぶ先に急な坂道が見えて、「あれはちょっときついな」と感じたそう。けれども、目の見えない相手にはそのことを伝えませんでした。それを言ったら、余計な負担がかかると思ったからです。ところがすぐに相手は「あ、もうすぐ坂でしょ？」と声をかけてきた。事前に地図でおおまかな行程を把握していたせいもあったかもしれませんが、坂道が見えたときの動揺が、ロープを通じて伝わってしまったのです。

隙のある体

忘れがちなのは、「受け入れる」用意があるからこそ、「伝わっていく」ということです。意図的に伝えられるメッセージなら、どんな相手にも一応は届くでしょう。もちろん理解されない可能性はありますが、とりあえず届けることはできる。

けれども、「伝わっていく」メッセージは、それを受け入れる隙があるところにだけしか届いていきません。何しろ、それは意図的に送られたものではないのですから。先に出てきた例だと、たとえば緊張している人には、メッセージは伝わっていかない。それがどんな内容のメッセージであろうと、それに動かされる用意のあるところ、つまりは信頼があるところにだけ、メッセージは伝わっていくのです。

実際、ランナーたちの言葉を聞くと、彼らがいかに伝わってくるものに対して開かれているかが分かります。たとえば、ジャスミンさんは、ロープのゆれを感じ取ったときの反応を、こんなふうに語っています。

路面の悪いところにくると、相手がつまずいたり、ロープのゆれが伝わることで分かるんですが、それは「びくっ」っとする、言ってしまえば、脊髄から脳にかけて電流が走ったような恐怖感のようなものを感じます。（……）「わっ、どうしたの?!」って。

興味深いのは、「脊髄から脳にかけて電流が走る」という表現です。さらに、先にジャスミンさんは、「ロープが神経線維のようだ」と話していました。つまりジャスミンさんはここで、脳から脊髄を通って全身へと運動命令が出される、という通常の神経系の伝達経路を逆転させて、相手の体からロープを通じて伝わってきた情報が自分の体を動かし、その情報が最後に脳に伝達される、と語っているのです。

もちろんこれは科学的な事実ではなく、ジャスミンさんの実感にすぎません。けれども、そう感じられるほどに、ジャスミンさんの体は普段とは違う、ジャスミンさんでないものをとりこんだ一つのシステムとして動いています。自分の体を動かしているのは他者の体である。より正確にいえば、他者と自分のあいだで自分の体の動きそのものが生成していっている。この、「自分でないものにあずける」信頼感がなくては、いかなるメッセージも伝わってきません。

もっとも、委ね、あずけているからこそ、誤解が生じることもあると言います。たとえば伴走者が不意にポケットをさぐったりしたせいでロープが引っ張られても、ジャスミンさんの体はやはり「電流が走ったような恐怖感」を感じるからです。

見えるように曲がっていく

ギアチェンジ以外にも、共鳴のなかで伝わっていく情報があります。たとえば、コースの情報。カーブがどこから始まるのか。曲がり具合はどの程度なのか。コースには当然、他のランナーもいるでしょう。その複雑な環境を二人でどのように曲がっていくか、その舵取りがロープを通じてなされていきます。

カーブがやってきたら、伴走者は、ロープを引っ張ったり押したりすることによって、二人がそれに沿ってうまく曲がれるように工夫します。ブラインドランナーが曲がりすぎていたら戻すように、あるいは逆に曲がり足りなければ角度をつけるように、ロープを使って実際のカーブに合うように調整するのです。

カーブの曲率にもよりますが、それほどきつくないカーブであれば、ベテランのペアほど、こうした調整はなめらかなものになります。つまり、明確に「引いた／押した」が区別できないような、曖昧で連続的な変化のなかで、徐々に「曲がる」という運動が生成されていくのです。変化が連続的であればあるほど、それは無理のない、「自然な」コーナリングです。

全盲のランナー、ラッキーさんは言います。

手で押し気味にするということもありますが、微妙なカーブの場合には、そういうのは無しで、自然に伝わって自然に曲がって行くというのがあると思います（……）たぶん見えている人が、道が曲がっているのを目で見て、自然に曲がって行くような感覚で、曲がっていけるんじゃないかと思います。

興味深いのは、「見えている人のように自然に曲がっていける」という指摘です。確かに目が見えていると、特に注意を払わなくても、環境に対して自然に体を合わせることができます。目が見えない人にとって、一〇〇メートル走を白いラインに沿って走るのは至難の技ですが、見えていれば自ずと調整が働くのでほとんど苦にはなりません。この「環境に体が自然に沿う」感覚を、なめらかなコーナリングを通じて、目の見えないラッキーさんも体験している。そこにあるのは、「曲がる」ではなく「曲がっていく」という行為の生成のされ方です。

「曲がる」ではなく「曲がっていく」。「伝える」ではなく「伝わっていく」。この二重の「自動化」によって、目の見える人の無意識的な身体制御が、目の見えない人に知られるようになるのです。あるメンバーの話では、伴走者はカーブを曲がったことを意識していないのに、目の見えない人はそのことを知っている、ということもあると言います。それはとりも直さず、目の見えない人が伴走者を通じて目の見える体を経験する、ということに他なりません。

実際、ジャスミンさんは「まれに走路が見えるときがある」と言います。非常に調子がいいときは、伴走者が消え、ひとりで走っているような感覚になる、と。ジャスミンさんの言葉を引用します。

本当にときどきなんですが、伴走者の存在を忘れて、一人で走っているような錯覚にとらわれるときがあります。そんなときは、目の前に走路が見えるときがあって、すごく驚くとともに幸せな気持ちになります。納得する走りができたとき、伴走者が喜んでくれているのを見ることのほうが、自分が嬉しいよりももっともっと嬉しいことです。

見えない人が見る、というのは、確かにひとつの錯覚ではあるでしょう。けれども、錯覚にはそう感じる理由があります。ラッキーさんが「目で見ているように曲がっていける」と語っていたような、ある種の「見える体の間借り」のようなことが、共鳴のなかで起こってくる。伴走者の体を無意識的な部分まで含めて体感しているからこそ、目が見えなくても「見えて」くる。

もちろん、これはジャスミンさんのように中途失明で、かつて自分でも見た記憶のある人にしか起こらない錯覚でしょう。先天的に目が見えない人は、触覚や聴覚の情報を視覚に変換する習慣がありませんから、「見える」という錯覚は起こりようもありません。

重要なのは、見えることそのものよりも、二人の体のあいだで、身体能力の貸し借りのようなことが起こっている、ということです。共鳴は、体の輪郭に揺さぶりをかけます。逆説的にも、あずけることによって、自分の体は拡張していくのです。ゆだねると、入ってくる。こうして、通常はひとつの体に属するものととらえられがちな「能力」は、体の外へと染み出していきます。そして、「できる」と「できない」の境界を曖昧なものにするのです。

あえてハンドルを切る

ただし、注意しなければならないのは、このような「ロープを使って曲がっていく」やり方が常に万能とは限らない、ということです。折り返し地点のUターンや、交差点で九〇度曲がるような場合には、なめらかに「曲がっていく」ことは不可能で、不連続に方向を「曲げる」必要があります。そのような場合には、当然ですが言葉を使います。「あと一〇メートルで九〇度右折」などと、口に出して、言葉でそのことを伝えるのです。人によってどの程度の情報を言葉にしてほしいかは違いますが、カーブに関して言えば、おおよその曲率によって、情報の伝え方が変わってくるのです。

面白いのは、伴走の初心者ほど、やみくもに言葉を使ってしまいがちだということ。確かに、健常者どうしの常識にとらわれてしまうと、声もかけずにロープを引っ張っていくのは「失礼」な行為にも思えます。それはいわば、手綱を使って相手を動物のように操っているかのようですから。

しかしながら、伴走してもらう側からすれば、必要以上に声をかけられるのは、かえって迷惑なのだそうです。ベテラン伴走者のリンリンさんは言います。「言葉でわざわざ言わなくてもいい程度のカーブなのに『カーブです』と言うと、逆にストレスがかかると言われます」。

なぜ声かけは「ストレス」なのか。ひとことで言えば、それは言葉が共鳴に対する「切断」だからです。走っているさなかに「カーブです」と声をかけることは、「カーブがくるから準備せよ」と前もって警告することに他なりません。つまりそれは、「二人で一つ」の共鳴を脱して、「自分でもしっかり注意してね」と、「個」のスイッチを入れることなのです。

本来、それほどきつくないカーブであれば、カーブに入ってから、「二人で一つ」の共鳴状態のまま、「徐々に曲がっていく」ので十分なのです。確かに、「カーブです」と声をかけることは、日常の礼儀からすれば「必要なこと」かもしれません。けれども、伴走においては要らぬ緊張を相手に与え、共鳴のない「個」へと押し戻すストレスになる。生活のなかで私たちが従っている倫理と、接触にもとづく手の倫理では、何を良しとし、何を良くないとするのか、その判断基準が違うのです。

リンリンさんは、この違いについて「車の運転」という秀逸なたとえを使って以下のように説明してくれました。

以前いろいろ考えていたときに思ったのですが、これは車の運転に似ています。車を運転している人は、ゆるいカーブだと曲がっているつもりはなくても自然に曲がっていきますよね。「ハンドルを切るぞ」なんて思う必要はない。見ているだけで曲がって行く。ところが、カーブがきつい場合は、意識してハンドルを切る必要があります。伴走の場合は、このように意識しないと曲がれないような場合に、声をかけるんだと思います。

きついカーブの場合には、あえて共鳴状態を切断し、それぞれが曲がることを意識した「個」となって、自覚的にハンドルを切っていく。実際のコースの形状を知っているのは目の見える伴走者のほうですから、これは「こちらに注意せよ」と伝達的役割分担を明確にする意味も持っているでしょう。これに対して、あまりきつくないカーブであれば、生成モードのままロープに任せているだけで、自然と調整が働いておのずとハンドルが切れていきます。リンリンさんの説明は、言語がもたらす意識化の機能と、ロープがもたらす無意識的な調整の棲み分けを、「ハンドルを切る」という比喩で鮮やかに教えてくれるものです。

生成モードの究極形態

「伝える」ではなく「伝わっていく」こととしての共鳴。あらためてこれをコミュニケーションの観点から整理するとどうなるでしょうか。

一見するとそれは、コミュニケーションの外部にしか位置付けられないようにも思えます。なぜなら、「伝わっていく」には、「伝えようとしていないことが伝わっていく」ことが含まれており、そのようなやりとりをふつうはコミュニケーションとは呼ばないからです。もし「伝えようとしていないことが伝わっていく」こともコミュニケーションであるなら、覗き見や盗聴といった行為までもがそこに含まれることになってしまいます。

実際、ロープを介して相手の体が伝わってくる感覚は非常に生々しく、初めてそれを経験する人にとっては、見てはいけないものを見てしまったような戸惑いを与えることがあります。

以前、Aさんという男性研究者と伴走体験会に行ったときに、こんなことがありました。その日の体験会は代々木公園で行われる予定でしたが、始まるまで少し時間があったので、ロープの持ち方をデモンストレーションすることにしました。ロープを輪っかにして一端を私が持ち、反対側をAさんに持ってもらいます。

ところがその瞬間、Aさんは、ロープを持っていた手をパッと離したのです。「これはやばい」と。ロープを介して伝わってくる情報があまりに生々しく、そのことに戸惑って、手を離してしまったのです。

彼の反応は、非常にまっとうなものだと思います。「相手の体が自然と入ってくる」ような無防備な関係を、私たちはふだん、身の回りの他者と取り結んではいません。とくに異性同士であればなおさらです。それまで視覚をベースにした距離＝節度のある人間関係を築いていたのに、ロープをつかんだことによって、いきなり「距離ゼロ」いや「距離マイナス」の関係になる。要するにエロティックなのです。そこに、覗き見や盗聴にも似た「見てはいけないものを見てしまった」という戸惑いが生じます。

となると、やはり「共鳴」はコミュニケーションの外部にしか位置付けられないのでしょうか。「伝えようとしていないことが伝わっていく」ことは、コミュニケーションとは呼べないのでしょうか。

いや、そんなことはない、と思います。むしろ、本書の第4章で論じた分類にしたがえば、共鳴は生成的なコミュニケーションの究極形態とも考えられます。

なぜならそれは、伝達の完全否定だからです。

第4章で、伝達モードは「発信者側の意図」を前提にしたやりとりである、と論じました。発信者が、あらかじめ「○○と伝えたい」という意図を持っており、それを一方向的に受信者に伝えていく。これが伝達モードの特徴でした。

ところが、生成モードでは、あらかじめ用意された意図のとおりにはコミュニケーションは進まない、ということが前提になっています。むしろ、発信者と受信者の役割分担が曖昧になり、双方向的なやりとりがなされるなかで、メッセージが決まっていくのです。物理的なメディアが使われるときには、それは「相手の体に入り込み合う」ような関わりを必要としていました。相手の体を意のままに動かすのではなく、相手の体についての情報を拾い合うこと。それが物理的かつ生成的なコミュニケーションでした。

本章で論じてきた共鳴の「伝わっていく」関係は、伝えるべき情報とそうでない情報の取捨選択ができないという意味で、文字通り「意のまま」の対極にあるやりとりの形態です。「相手の体に入り込み合う」能動性すら消え、「あずけたことによって入ってくる」ものを分け隔てなく受け取っている。この筒抜けの直接性において、共鳴は、生成モードの究極形態である、と言うことができます。

それが覗き見や盗聴と違うのは、ただ一点、それが双方向的である、という点のみです。伴走者の側には、目の見えないランナーの思いや感情、体調といったものが、本人の意識を超えて伝わっていきます。同じように、目の見えないランナーの側にも、伴走者の思いや感情、体調といったものが、本人の意識を超えて伝わっていきます。共鳴は、自分でないものによって動かされることを許している人どうしのあいだでのみ起こるコミュニケーションです。

あずけると入ってくる

あずけると入ってくる。これがメディアとしての体のやり方であり、接触した状態で人と人が関わるときの倫理の基本です。言葉を使ったやりとりが意識的なものであるのに対し、体をメディアとするやりとりは、相手への深い信頼を前提にする分、意識していないものまでもが入ってきます。隙があるからこそ、やってくるものを受け止められる。メディアとなった体にとって、あらゆる感情や感覚はやってくる波のようなものであって、それが誰の感情や感覚であるかは問題となっていません。その感情や感覚の帰属先を問うよりも、それに応答することのほうが優先されています。

ジャスミンさんが語っていたように、見えないはずの走路が見えたり、ふいに伴走者と同じことを考えていたりするのも、「帰属先の確認」よりも「応答」が優先された結果に他なりません。私はあなたのようでもあるし、あなたは私のようでもある。体がメディアになるとき、私は私に去来するあらゆるものとともにあります。生成モードにおいては総じて役割分担が曖昧になる傾向がありましたが、その究極形態においては、私はただ来るものに対して返していく波のような存在になっています。

　こうしたやり方は、私たちが日常的に親しんでいる言語を用いたコミュニケーションとは、異なるものです。文法の構造上、文には必ず主語があります。「ここはふんばりどころだ」のような、一見したところ主語が明示されないような発言でも、それが発せられる状況の中にいれば、それが誰の衝動なのかは分かるものです。私たちは、そのような仕方で、他者を、世界を見ています。

　ところが相手の体にふれた瞬間、そのような文法構造が取れなくなる。相手について知るためには相手に自分を預けなければならない状況のなかで、私と私でないものを線引きすることは意味を成しません。むしろ、そのような線引きは「何も得ることがない」という情報的な死を意味します。

　重要なのは、こうした別の倫理が「すぐそこ」にある、ということです。「自分でないものが入ってくる」と言葉にしてしまうと、何やら神秘的な出来事のように思えます。けれども、その可能性を開くのは、ロープを握って走る、というきわめて具体的な行為です。相手と物理的に接触する。この即物的な条件の変化が、私たちに、体をメディアとするようなコミュニケーションをとらせるのです。

第6章

不埒な手

本書ではここまで、「人の体にふれる」経験を手がかりに、「まなざし」を介した他者関係とは異なる、「手」を介した他者関係のあり方を探究してきました。全体の議論をここで簡単におさらいしておきましょう。

まず、西洋哲学において触覚が対象と直接接する「距離ゼロ」の感覚だと理解されていたのに対して、「人にふれる」触覚は、相手の体の内部にある流れ、具体的には意思や衝動といったものを感じ取る力を発揮する、ということを確認しました。それが、触覚ならではの独特のコミュニケーションを可能にするわけですが、その手前で、そもそも「ふれる」という出来事が成立するためには、ふれる人のふれられる人に対する、そしてふれられる人のふれる人に対する「信頼」が必要でした。ふれる側は、相手がどういうリアクションを起こすか分からないまま主導権を握り、ふれられる側は、相手がどういうふれ方をするのか分からないまま主導権を渡す。しかし、いったん信頼によって接続が成立してしまえば、接触をデザインする主導権は、小刻みにスイッチすることが可能です。お互いに情報を拾い合うような関係のなかで、ふれるという行為そのものが、生成的に作りだされていきます。このときの、「あずけることによって得られる」という共鳴的関係は、体というメディアならではの特徴でした。

最後となる本章ではしかし、ここまでの議論をいったんひっくり返してみたいと思います。ひっくり返すことで、別の視点から本書の内容をとらえ直してみたいと思います。

本書のタイトルは「手の倫理」です。しかし、そもそも手は倫理的でなどありうるのでしょうか。

第2章で整理したとおり、西洋哲学の文脈において、触覚は動物的な欲望に直結する下級の感覚だと見なされていました。人間の触覚のもつ神経的な構造や機能は昔からほとんど変わっていないはずです。それなのに、かつて欲望の権化と言われたものが、一方で倫理の担い手にもなりうる。何だかしっくりきません。

現に、私たちは「思わずさわりたくなる」という衝動を覚えることがあります。ふかふかのタオル、さらさらの髪の毛、すべすべの肌、ひんやりした大理石……。単に気持ちよさそうだから、あるいは愛らしいから、あるいはセクシーだから、どうしようもなくひきつけられてしまう。昔も今も、触覚にはそうした性質があり、抗い難い欲望と結びついています。

これまでさんざん触覚の倫理について語ってきたけれど、やっぱり手とは不埒なものなのではないか？　触覚は倫理を語れるほど「いい奴」なのか？

最後に、そんな触覚の「不埒さ」に焦点を当てて、あらためて手と倫理の関係について考えてみたいのです。

介助とセックス

第5章において、体がメディアになる場合には、私と私でないものの境界が曖昧になり、去来する刺激にただ反応するような、意識を超えたコミュニケーションがなされる、ということを指摘しました。

この「私と私でないものの境界が曖昧になる」状態は、自分が感じ、反応する内容を、自分でもコントロールできなくなることを意味します。私が、自分でもそのつもりがなかったものに乗っ取られる。触覚には、私たちをきわめて無防備な状態にする力があります。倫理が自らを律し、ふるまいを制御することを指すのであるとすれば、これはまったくもって非倫理的な状態と言わざるを得ません。

この点に関して最初に検討したいのは、第4章でも引用した前田拓也が、介助の仕事を始めてすぐの時期に経験した、ある「混乱」です。

> 介助者になって、二、三ヶ月経った頃のこと。わたしはある女性とセックス「しようとした」。わたしはわたしのやりかたで「いつも通りに」、その女性の服を脱がそうと、ボタン——あるいはジッパーだったかもしれないが、それはともかく——に手をかけた。その時、瞬間的に「介助に似ている」と思ってしまったのだった。介助をしている景色、感触などがフラッシュバックし、興醒めもいいところだ。そうしてすっかり「やる気」が失せてしまったのだ。[1]

第2章で確認したように、触覚は伝統的に欲望と結びつく感覚だとされていました。一見すると、ここで起こっていることはその逆です。女性の体にふれ、服を脱がそうとする、その行為が「介助に似ている」という連想につながり、セックスに対する欲望が冷めてしまった。介助の景色のみならず、「感触」のフラッシュバックも起こっています。触覚はここでは「欲望に水を差す」役割を果たしています。

しかし他方で、介助という性的なコノテーションを持つべきではない行為が、ここではセックスと結びついてしまっています。その連想のトリガーになっている点で、やはり触覚は「不埒な」感覚であると言わざるを得ません。「セックスが介助に似ている」は、同時に「介助はセックスに似ている」でもある。前者は「冷める」だけかもしれませんが、後者は連想すること自体がある種の「タブー」にふれる可能性を孕んでいます。

実際、前田のこの経験は、それと対をなす介助における経験とセットになっています。つまり、介助をしているさなかで、介助という場面にとってふさわしくない連想が働いてしまったのです。もっとも、それは相手に欲情するということではありません。そのつもりがないのに連想が働いてしまうことに、前田はむしろ不快感を抱いています。

たとえば、再び入浴介助の場面。入浴の介助は、利用者はもちろん、介助者自身も服を脱いで行うケースが多いため、文字通りの「裸の接触」を前提としています。性的な関係ではないにもかかわらず、他者の裸体にふれ／ふれられる、あるいは見る／見られる、という状況が発生する。

もちろん、この状況に居心地の悪さを感じるかどうかは人によるでしょう。ですが、「もともと身体接触が不慣れ」だという前田は、この状況に敏感に反応してしまいます。体にふれること、そして体を見られることが不快で仕方がない。そして真剣に悩みます。「介助者としてパンツをはくべきか否か」と。

パンツは、入浴介助という状況を性的な連想から遠ざけるためには有効です。物理的にも性器が相手の体に当たったり見られたりするのを防いでくれますし、「これはあくまで仕事である」というアピールにもなるからです。

けれども、介助者だけがパンツをはくのは、それはそれで居心地が悪い。なぜなら、利用者だけが一方的に性器を見られる状況は、いくら慣れているとはいえフェアではないことになってしまうからです。

さらに、パンツをはいたとして、濡れてしまったそれをはき替えるときはどうしたらいい？　利用者の見えるところではき替えるべきなのか、それとも徹底的に隠すべきか……パンツをめぐる悩みはとどまるところを知りません。

そんなこと、考えるのさえ汚らわしい！　仮にそんな連想が浮かんだとしても、頭から追い払って仕事に集中しろ！　――そう言ってしまうのは簡単です。「道徳」の観点に立つなら、おそらくそうなるでしょう。

けれどもそれでは、前田のような介助者が抱える「もやもや」はどうなるのでしょうか。自分の感情を抑圧して、「あるべき介助者の姿」に向かってひたすら演技をし続けることは、本当に良い介助につながるのか。そして、そもそもそんなふうに感情を抑圧することは可能なのか。前田は自身の実感として、こう言い切ります。「セックスのフレームの入り込まない『純粋な介助』など、どこにもありはしない。もちろん、介助を経験した者にとって、介助のフレームの入り込まないセックスもまた、ありはしない」[2]。

そう、触覚の不埒さとは不純さに他なりません。一方に、「○○すべし」という道徳による普遍規則の命令がある。それは重々わかっているけれども、「他者の体にふれる」という現実の行為が、この命令を乗り越えるようにして、それとは異質なものを引きずり込んでしまうのです。この「異質なもの」が問いかけてくる。前田のとまどいはそこにあります。

別のリアリティへの扉

前田は、この混乱を「リアリティの混同」あるいは先の引用にもあったフレームという概念を用いて「フレームの混同」と呼んでいます。

「フレーム」とは、社会学者ゴッフマンの用語で、私たちが「これはどういう状況か」を理解するための認識の枠組みのこと。フレームが混同されるとは、「これは介助だ」というフレームで理解しているつもりの状況に、「これはセックスかもしれない」という別のフレームが入り込んできてしまい、状況の意味を一意に定義できなくなるということです。その結果、自分がいま何をしているのか分からなくなる、リアリティの混乱が生じます。

なぜそんなことが起きるのか。その答えは単純で、「同じ体がやっていること」だから。前田の言葉づかいに従うなら、「解釈のリソースとしての身体がマテリアル面で共通している」からです。

だが、介助のうちに、そのような「どちらにも転びかねない危うさ」があるとすれば、わたしにとって決しておもしろいものではない。現実を、介助として解釈するか、セックスとして解釈するか。現実の「解釈のリソースとしての身体」が、マテリアル面で共通していることが、わたしの経験を混乱させたのだと言える。身体というリソースが介助とセックスで共通している、だからこその「混同」なのだとすれば、冒頭で述べたこと（セックスの最中に介助を連想する）は当然、その表裏一体の状況なのだ、ということになる。[3]

この点に関しても、興味深い指摘をしているのは坂部恵です。坂部は、同じ「気」という言葉を使っていても、「気がふれる」と「気にさわる」は根本的に意味が異なる、という点に注意を促します。「気がふれる」とは、「日常の構造安定的な布置としての自我の同一性が根底から脅かされ、揺り動かされる」[4]事態です。つまり、自分が異質なものに乗っ取られて、もはや自分ではなくなっている。前田が経験したリアリティの混同は、まさにこうした自分が違う方へ「ふれて」しまう事態です。

ところが「気にさわる」には、そのような「自分でなくなる」契機はありません。むしろその人の確固とした価値判断が前面に出ている。たとえば「赤ん坊の泣き声が気にさわる」と言った場合、私は揺るがない位置から、赤ん坊の泣き声に対する不快感を表明しています。坂部に言わせれば、「さわる」は、「全く日常の自我の境域の構造安定性を揺り動かすことのない形而下的な経験にすぎない」[5]

のです。

もちろん、人の体に「ふれる」ことが必ず私たちの気を「ふれさせる」わけではありません。けれども、そこには「さわる」とは違う、「私」の確かさを揺さぶる魔術的な力がある。そのことと倫理の関係を考えなくてはなりません。

視覚であるならば、複数のフレームが同時に存在したとしても、比較的冷静でいられたかもしれません。たとえばボクシングの場合。ボクシングとは、ひとことでいえば「けんかみたいなスポーツ」です。つまり、殴り合いの「けんか」としてのフレームと、ルールのある「スポーツ」としてのフレームが同時に存在している。この二つのフレームが、ぎりぎりのところでせめぎ合いながら共存しているところに、観客は大きな興奮を覚えます。

けれども、そのことによって、「自分でもそのつもりがなかったものに乗っ取られるような」揺さぶりを感じることは基本的にありません。その理由は言うまでもなく、リング脇にいる観客が、あるいはテレビ中継を通して観戦している視聴者が、距離をとることが可能な「視覚」という感覚を主に使って、試合を観戦しているからです。出来事との距離があるから、「スポーツかつけんか」というフレームの共存を楽しむことができる。きわどい攻撃にスリルを感じることはあっても、この状況が何なのか分からなくなることはありません。視覚は、見る人を無防備にはしません。「視覚は精神的な感覚である」という伝統的な規定が思い出されます。

ところが、触覚は容易に混乱を招きます。Aというフレームのつもりで始めた行為が、それとは別のBというフレームを呼び寄せてしまい、本人としてもどちらの状況だか分からなくなってしまう。体にとってリアリティは一つです。殴るという行為をしながら、それが本物のけんかにならないのは、頭で「これはスポーツであってけんかではない」と認識しているからに過ぎません。このブレーキがなくなってしまえば、「殴る」という行為は容易にけんかになってしまう可能性を孕んでいます(つまり、ボクシングの選手は、観客とは違って、いつでも「本気になってしまう」可能性をかかえています。これについてはあらためて論じます)。

このように触覚は、判断や行為の根拠になっているリアリティそのものを、想定したのとは別のものに書き換えてしまう力を持っています。その状況にとって異質なものを、本人さえ制御できないような仕方でするりと呼び込み、不純なものにしてしまう。

触覚は直接対象にふれるため、しばしば「リアリティ」や「確からしさ」に関する感覚だと言われてきました。第2章でふれたコンディヤックも、触覚を通じて、私が物理的な対象として世界のなかに存在していることを確認していました。

しかし、ここにあるのは、それとはまったく逆の触覚のあり方です。もちろん、触覚が与える確かなリアリティというものもあるでしょう。けれども触覚は、さまざまな連想や衝動を呼び寄せる力を持つため、必ずしも純粋なものではいられない。触覚は、私たちを確かな現実へとつなぎとめてくれるとは限らないのです。むしろそれは、私たちが生きている世界のリアリティを不確かなものにしてしまうことがある。触覚は別のリアリティへと私たちをいざなう扉でもあるのです。

「うっとり」のタイムスリップ

触覚が異質なものを呼び込むとき、記憶が重要な役割を果たすことがあります。前田が経験した混乱でも「フラッシュバック」という言葉が使われていました。もちろん、入り込むのは必ずしも性に関係する連想だけではありません。

レビー小体型認知症当事者の樋口直美さんは、触覚的な経験をきっかけに起こった「タイムスリップ」について語っています。頭では覚えていなかったことを手が思い出したことによって、樋口さんの時計の針が一気に数十年分戻ったのです。

樋口さんがお孫さんとお風呂に入ろうとしたときでした。あまり会う機会がないのに、新米祖母にすべてを委ねて悠然と横たわっている赤ん坊。そんな様子とは裏腹に、樋口さんは「お風呂の入れ方を忘れてしまったけど大丈夫かな」と緊張しています。

ところが、赤ん坊の髪を洗い、体を洗っているうちに、不思議なことが起こります。樋口さんの意識的な思考を飛び越えて、手が、数十年の時を超えて、かつて同じように赤ん坊を入浴させたときのことを思い出したのです。

そのとき私の手は、私の思考とは違うものを認識していました。私の手は覚えていたのです。幼児のずっしりと希望のつまったような体の重み、つやつやした肌の弾力の強さ、プクリと膨れたお腹、お饅頭のような握りこぶし、一列に並んだ大豆のような足の指……。

私は、だんだん今がいつで、自分が何歳なのか、よくわからなくなっていきました。私の膝の上でなすがままに洗われているのは、私の子どもの子どもです。それはよくわかっています。なのに私の手がリアルに思い出しているのは、私の子どもを洗っていたときの感触です。その「私」は、二十代です。そして私の気持ちもそのときに引き戻されていくのです、うっとりと。

――このまま時間が止まってしまえばいい。[6]

なんとも感動的な一節です。ここで樋口さんは、お孫さんの体を洗いながら、その体にふれるうちに、お子さんの体を洗っていたときの感触にタイムスリップしています。それは単に「洗い方を思い出した」というのとは違って、リアリティそのものが書き換わるような経験でした。樋口さんさえ予期していなかった、赤ん坊だったときのお子さんとの再会。「孫の体を洗う」というフレームが、触覚的な連想を介して、「子供の体を洗う」という別のフレームを呼び寄せています。

単なる想起と違うのは、樋口さん自身が、子供を育てていた二〇代のときの感覚に引き戻されている、ということです。リアリティの混乱のなかで、樋口さんは、本来思っていたのと違うフレームに乗っ取られている。「うっとり」という言い方は、樋口さんが無防備な状態に置かれていることを示しています。もちろん、子供が小さかったころの写真を見て、「あのころこんなことがあったな」と思い出すことはあるでしょう。けれども触覚がもたらすのは、そうした客観的な想起とは違う、リアリティを揺るがすような想起です。

樋口さんは、お孫さんの体にふれる触覚に導かれるようにして、この「異物としてやってきたフレーム」のほうに、積極的に身を委ねていきます。前田の経験した不快な混同とは違って、それは触覚がもたらした夢のような時間でした。このまま時間が止まってしまえばいい。まさにタイムスリップのように、樋口さんは別の時間を生きています。

確かに、樋口さんにはもともと、病気の症状のせいで「今」というものがとらえ難くなっている、という背景があります。特定の出来事が過去にあったということは覚えていても、それが先週のことだったのか、一ヵ月前のことだったのか、はたまた半年前のことなのか、樋口さんは感じ取ることができません。「時間のなかのどこに自分がいるのか、よく分からない感じ」と樋口さんは言います。「私には、時間の遠近感、距離感がありません。来週も来月も半年後も、感覚的には、遠さの違いを感じません」[7]。その意味では、現在のフレームがあいまいである分、過去を呼び込みやすい、という事情もあったのかもしれません。

けれども樋口さんのお話を聞いていると、そもそもひとつのフレームにしがみついていることだけが、自分が置かれている状況と付き合うための方法ではないのではないか、という気もしてきます。むしろ、乗っ取られるようにして、自分に去来するものに身を任せるような生き方もあるのではないか。現に、子供やお年寄りが生きているのは、大人よりもずっと流動的でフレームが変わりやすい世界なのではないか。

樋口さんは言います。「認知症のある高齢者が『子どもを幼稚園に迎えに行かなければ』『会社に行く』『畑に水をやりに行く』と言うことは、想像していたよりも自然なこと」[8]だと感じるようになった、と。しばしば徘徊の原因になるこうした思い込みは、ご本人からすれば、まぎれもないリアリティをもっているはずです。樋口さんは、ご自身のタイムスリップ経験などを通して、そのようにフレームがずれていくことは「ありえること」だと感じるようになった。もちろんそのすべてが触覚的な刺激をきっかけに起こっているわけではないにしても、「フレームを外れていくこと」は、それ自体、現実を生きるひとつの方法であるようにも思います。

手拭いで柔道を翻訳する

触覚が呼び込む異質なものは、必ずしも過去の記憶だけとは限りません。最初に想定していたフレームからするとふさわしくない「衝動」が、それとは別のフレームを引き込むこともあります。

とりあげたいのは、私が研究の中で経験したある感覚です。その研究とは、ＮＴＴコミュニケーション科学基礎研究所の渡邊淳司さん、同じくＮＴＴのサービスエボリューション研究所の林阿希子さんと共同で進めていたもので、目の見えない人と一緒にスポーツを観戦する新しい方法を開発しようとしていました。

目が見えない人のスポーツの楽しみ方というと、言葉による実況中継が中心です。特に野球の実況中継などは様式化されていて、ファンが多く、この方法じたいは悪いというわけではありません。けれども、実際に当事者に話を聞いてみると、今一つライブ感が感じられなかったり、まわりの観戦者との一体感に欠けたり、といった限界もあることが分かってきました。

そこで考えたのは、言葉の代わりに手拭いを使う、という方法でした。「手拭い」というツールは、第5章でふれた伴走用のロープにヒントを得たもの。あの豊かな情報伝達力を、スポーツ観戦のためにも使えないかと考えたのです。

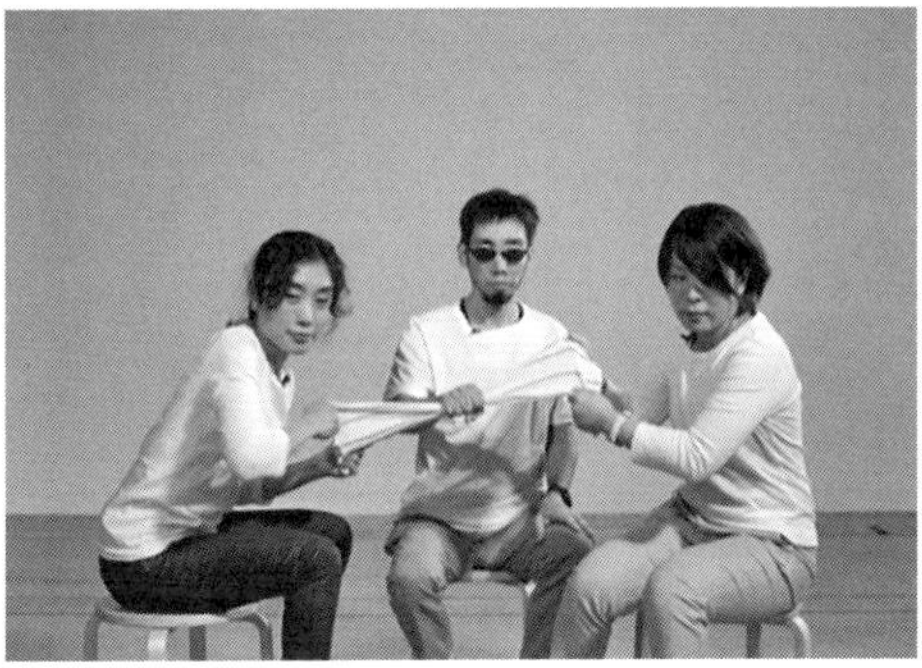

手拭いを使って柔道を観戦する

最初に取り組んだのは、柔道でした。手拭いを使って柔道を観戦する。言葉にすると突拍子もないですが、やったことはシンプルです。まず目の見える人二人が向かい合い、広げた手拭いの四つの角をそれぞれ両手で摑みます。その手拭いを、今度は一方向にくしゅくしゅとたたみ、その真ん中を目の見えない人が片手で摑みます。ちょうど、リボンのような形です。これでスタンバイ完成。

あとは実際の試合なりテレビ中継なりを見ながら、その様子を「翻訳」していきます。両端の目の見える人がそれぞれの「担当選手」を決め、その選手がどのように動いているかを、手に持った手拭いを上下させたり、引っ張ったりすることによって伝えていくのです。勝負が決まったら、負けた選手の担当だった翻訳者は手を離し、勝った方は手拭いを高々と持ち上げて、それを伝えます。

当然ですが、この方法では試合の細かい情報は伝わりません。決まった技が大外刈りだったのか大内刈りだったのか、といったことは手拭いの動きだけでは分かりません。でも、こうしたことは、声による解説によって十分補うことができます。

その代わりに、この手拭いを使った方法を使えば、言葉ではなかなか伝わらない、「力のせめぎあい」「リズム」「かけひき」といった要素を、きわめてダイレクトに伝えることができます。これは、まさに触覚を用いているからこそのダイレクトさです。

そもそも、この方法で観戦しているあいだ、手拭いが上下左右に引っ張られるのにつれて、目の見えない人の手も上下左右に引っ張られています。つまり、体ごとこの状況に巻き込まれている。手拭いの動きはかなり激しく、しっかり摑んでいないと、振り落とされてしまうほどでした。加えて、たまたま選んだ手拭いという道具の質感が、柔道の胴着に似ていたのも功を奏しました。

体験した目の見えない人が口を揃えて言ったのは、「臨場感」という言葉でした。この「臨場感」という言葉が、私たちにとっては、自分たちがやっていることを理解するのに大きな手がかりを与えてくれました。

目で見ることが主体のスポーツ観戦のスタイルでは、目の見えない人は参加できない。文字通り「臨場」していない。ならば、目の見えない人も参加できる出来事を、もう一つ別に作ればいいのではないか。そう思ったのです。

結局私たちは、手拭いを使って、試合から「力のせめぎあい」「リズム」「かけひき」といった要素を抽出し、目の見えない人にも参加可能な形で、ここに再構成していたのでした。つまり、試合を外側から記述して情報として伝えるのではなく、体ごとその中に巻き込んで体感してもらえるような出来事を、もうひとつ目の前に作り出していたのです。

この「出来事のなかで伝える」という特徴を指して、渡邊さんがこの方法を「ジェネラティブ・ビューイング（生成的な観戦体験）」と名付けました。まさに第4章で分析した「伝達」ではなく「生成」としてのコミュニケーションのあり方です。

勝ちたくなっちゃう

フレームの混同が起こったのは、この「臨場感」の意味が自分自身に降りかかってきたときでした。私は、共同研究のメンバーである林さんとともに、柔道を「翻訳」しようとしていました。ところがやっていくうちに、なぜか「本気」になってくるのです。つまり、林さんに勝ちたくなってきてしまう。

もちろん、実際に戦っているのは、画面内で勝負している二人の選手たちです。私はあくまで、自分の担当する白い胴着の選手の動きを、上へ下へと翻訳しているだけ。頭ではそう分かっているのですが、実際に手拭いをピンと張って、それを動かしているうちに、私はどうしても林さんに勝ちたくなってしまうのです。つまり、翻訳であることを忘れて、自分が選手として勝負をしているような気になってしまう。

そのときに蘇ったのは、バンバンクラブのリンリンさんの、「『伴走してあげる』とか『伴走してもらう』じゃない」という言葉でした。翻訳を忘れるということは、同時に「してあげる」「伝える」という役割を手放すということを意味しています。

確かに最初は「画面内の選手の動きを翻訳して目の見えない人に伝えている」つもりでした。ところが、実際に手拭いをつかみ、相手方の林さんが繰り出す強い引っ張りやかわしを体感しているうちに、自分の体が揺さぶられたことへの反作用にけしかけられるようにして、場違いな闘争心が刺激されてしまうのです。「私はこの試合に勝ちたい」。まったくおかしな衝動なのですが、どうしてもその気持ちが生まれてしまうのです。

聞いてみると、実はそれは林さんも一緒でした。ジェネラティブ・ビューイングをやっていると、「翻訳」フレームに、いつしか「勝負」フレームが混ざり始めるのです。私はこれまでに柔道を経験したことはおろか、柔道着すら着たことがありません。ですから、これは記憶の想起ではありません。純粋に、体を揺さぶられたことが呼び込んだ異質な衝動でした。

先に指摘したとおり、体にとってリアリティはひとつです。体が引っ張られたとき、頭では「これは翻訳である」と分かっていても、体は真に受けて攻撃されたのと同じように反応してしまう。先に、ボクシングの選手が、スポーツであることを忘れてルールなしのけんかを始めてしまう可能性に言及しました。強度はまったく違うとしても、ここにあるのは構造的には同じようなことです。

これは確かに混乱ではありますが、臨場感のひとつの証拠であることは間違いありません。興味深いのは、介助とセックスというまったく異なる状況が結びつくケースとも、過去の記憶が蘇るケースとも違って、私や林さんが、他者のフレームをとりこんでいる、ということです。つまり、当初翻訳するつもりで担当していた選手の立場に、自分を重ねているのです。

他者を翻訳することは、その他者になって競技することである。ドイツの思想家ヴァルター・ベンヤミンはかつて、詩の翻訳について論じながら、「(詩的なものは)翻訳者がみずからも(……)詩作することによってのみ再現できる」[9]と語りました。つまり詩を翻訳することは、詩人がしたことをなぞるように自ら詩を作ることに等しいのだ、と。おそらく同じようなことが、スポーツの翻訳にも――もっとも私たちが行っている「翻訳」は、ベンヤミンのそれとは違ってかなり特殊なものですが――言えるのではないか。触覚を通して、そのことを実感したできごとでした。

目で見ないスポーツ

本題から離れますが、その後の研究の顛末を少し。結局私たちは、「翻訳をすることは競技することである」という発見を推し進め、さまざまな種目を競技可能な形に変換することにしました。つまり、柔道そのもの、ラグビーそのもの、テニスそのものはできないので、身近なものを使って、その種目の本質を体感できるようにしたのです。「個々の試合の翻訳」から、「種目そのものの翻訳」へ。最終的に一〇種目の翻訳を行い、それを「見えないスポーツ図鑑」という形でまとめました。

たとえばフェンシングは、アルファベットの形をした木片を知恵の輪のように組み合わせて、一方の人がそれを外そうとし、もう一方の人が外されまいとする、という競技に変換しました。フェンシングというと「剣で突く」というイメージが強いですが、実際に選手に話を聞いてみると、「相手の剣の動きについていき、いなす」という動きに近いそう。アルファベットの形をした木片を使うと、自然と相手のカーブやくぼみの形状にあわせた動きをするようになるので、この「いなす」感覚を体感できるようになります。また、手首をしなやかに動かすことが重要だそうで、木片を持つときには人差し指と親指で軽く握るようにしました。

この翻訳作業には、元フェンシング日本代表・ロンドン五輪男子フルーレ団体銀メダリストの千田健太さんに加わっていただきました。最初は研究の趣旨をうまく伝えきれず、とまどった様子の千田さんでしたが、アルファベットの木片で翻訳する方法が見つかってからは、興奮ぎみに何度も私たちと対戦してくださいました。千田さん曰く、「剣と剣が接している感触、360度にわたって指で操作する感覚が、すごくフェンシングに似ています[10]」。必ずしも剣を使わなくても、それどころか剣のように細長いものを使わなくても、「フェンシング感」を味わうことができたのです。

さまざまな種目を翻訳する過程で痛感したのは、私たちが「観戦」と称して視覚から受け取っていた情報が、いかにその種目を実際にやっている選手の実感とは違うか、ということでした。私たちが目で見て「これがその種目のその種目らしさだ」と思っているような質は、必ずしも選手たちが思う「その種目のその種目らしさ」とは一致していないのです。翻訳の作業には毎回その種目のプロの選手やコーチにいらしていただきましたが、話を聞くたびに、そのズレを痛感しました。

たとえば卓球。卓球は目で見ている限りでは、コースやラリーの速さばかり追ってしまいがちです。ところが、ＪＯＣ強化スタッフもつとめた吉田和人さんによれば、実際に競技をしている選手たちは、球の回転にかなりの注意を払っているといいます。球がどのように回転しているかによって、飛ぶコースが変わってくるからです。そこで、相手のラケットに球がぶつかった瞬間の音や、自分が球を受けたときの手のひらから伝わってくる感触で、回転を感じ取ろうとします。卓球とは、意外にも聴覚と触覚をかなり使うスポーツなのです[11]。

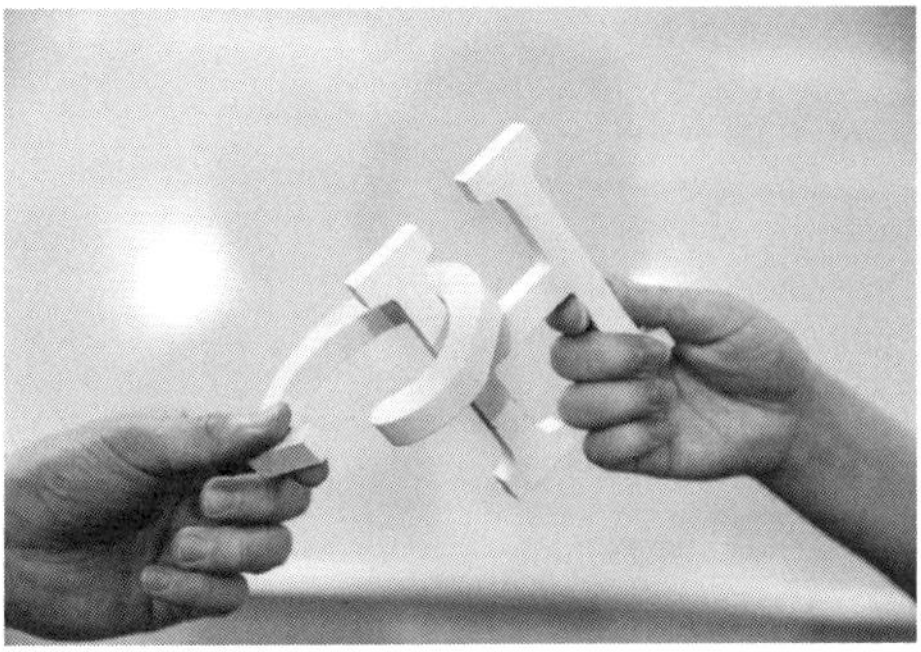

アルファベットの木片で翻訳されたフェンシング

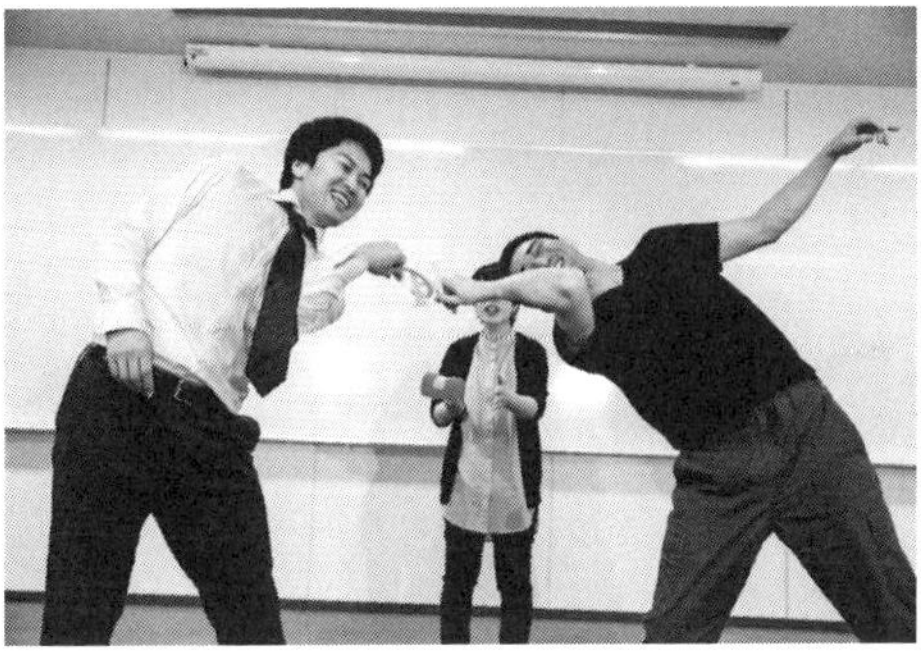

剣でなくても味わえる「フェンシング感」
©Kaori Nishida

言われてみれば当たり前ですが、視覚だけに依存するようなスポーツはほぼありません。ボールを見ながらドリブルし続けるサッカー選手はいないでしょうし、アーチェリーのような的を狙う種目であってさえ手元の感覚は重要です。にもかかわらず、観戦という行為は、どうしても視覚中心に考えられがちです。音楽を写真にとっている、と言ったら強すぎるかもしれませんが、もしかしたら、私たちはそうとうスポーツが「見えていない」のではないか、と感じるようになりました。

つまり、その種目をプレイする選手の実感によりそうためには、視覚を離れて、触覚や聴覚を通してその種目を理解する必要がある。そして、選手の実感をあらかじめ知っておくことは、個々の試合を見るときにも、選手の立場に立ちやすくなり、結果として観戦の解像度がぐっとあがる。その種目の経験者と同じ程度、とまでは言わないまでも、ある程度本質を摑んだうえで、その種目を見ることができるのです。柔道の翻訳で「フレームの混同」を経験した私たちが、選手の立場に同一化しながら出会ったのは、この「目で見ない」スポーツの姿でした。

不道徳だからこそ倫理的でありうる

話を本題に戻しましょう。ここまで見てきたように、触覚は、状況に対して異質な記憶や衝動を呼び込むことにより、私たちが頭で理解していた「いまは〇〇するときだ」という状況のフレームを、別のフレームへとスライドさせたり、あるいは混同させたりする可能性を孕んでいます。現実のなかに存在しているという確かさを触覚が与えてくれることもある一方で、別のリアリティへと私たちを導く扉にもなりうる。触覚は誘惑的で、不埒な感覚です。

触覚は社会的に許されないような行為へと、人を誘い込むことさえあります。「思わずさわりたくなってしまった」という欲望は、見ず知らずの人の体にさわっていい理由にはなりません。「どうしても打ち負かしたくなってしまった」という衝動にまかせて暴力をふるってしまったら、いたるところで殴り合いの喧嘩が起こるでしょう。こうしたふるまいは、端的に言って道徳に反する行いです。法的な処罰の対象にもなり得ます。

けれども、誘惑そのものは、簡単に悪いと言ってすませていいものではないように思います。むしろ、触覚の非道徳性がもつ力というのもあるのではないか。

第1章での議論を思い出してみましょう。私たちはそこで、「道徳」と「倫理」を区別しました。道徳は、具体的な状況やその人の能力によらない、普遍的な善を目指すものでした。「いついかなるときでも○○せよ」。それは断固とした命令であり、この命令に反することは、厳しい非難の対象になります。道徳は、すでに定まった価値に関わるものです。

これに対して、倫理が問題にするのは、「具体的なある状況においてどうふるまうか」でした。いまこの状況で自分には何ができ、どのような選択肢がありうるのか。倫理には「迷い」や「悩み」がつきものです。倫理は、さまざまな可能性を探りながら、行為を選びとることに関わります。

触覚のもつ誘惑する力。それは、道徳をゆさぶる力です。「○○すべし」という命令を素直に実行できるほど、この状況が純粋で、単純でないことに気づいてしまった。この複雑で不純な状況のなかで、私はいったい、どのようにふるまえばよいのか。自明な行動規範はそこにはありません。触覚が不道徳であるのは、単に道徳に反するからではありません。触覚が持っているのは、道徳が押し付けてくる規範を相対化する力です。

道徳を相対化するという意味での不道徳性。触覚は、こうして私たちを道徳から離れさせ、逆に倫理へと近づけていきます。もはや、道徳が与える杓子定規な命令に従うことはできない。かといって、人としてあるまじき道徳に反する行いは避けねばならない。ならば状況の複雑さに向き合い、異なるフレームが与える複眼的な視点に立って、進むべき道を求めて格闘していくほかありません。第1章で確認したとおり、倫理とは創造的なものです。

実際、本章で検討した前田は、まさにフレームの混乱を通じて、「どうふるまうべきか」という悩みに出会っていました。それは具体的には、「入浴介助中にパンツをはくべきかどうか」といった悩みに集約されていきます。しかしその背後にあるのは、介助とはどのような行為であるべきか、というより本質的な問いでしょう。

前田は、セックスというフレームが入り込んできたことによって、介助に集中することができなくなってしまった。「介助とはこうあるべき」という普遍規則に従うことは、もはやできなくなってしまった。介助がどうしようもなく不純なものであるということを認めたまま、ではどのように介助をしていけばよいのか。この不道徳の先にある倫理性を、前田は「社会的成熟度」という言葉で説明しています。「『これは介助だ』というリアリティは、ふとしたきっかけで崩れさる可能性を常にもっている。だからこそ逆説的に『それに耐えうる』かどうかによって、『社会的な成熟度』が試されるのだ」[12]。

それはとりもなおさず、無防備な状態から、あらためて「リアリティを立て直す」営みでもあったでしょう。「セックスかもしれない」という可能性に接近したことで、前田の目には、介助という営みそのもの、利用者との関係そのものが、本人にとって不快なほどに、別の姿をまとってあらわれるようになっています。「〇〇すべし」という普遍的な命令が覆い隠していた、思っていたのとは違う現実の姿。触覚は対象に直接ふれる感覚だというなら、それはこのような意味でとらえるべきでしょう。

樋口さんの「タイムスリップ」は、不道徳なものではありませんが、私たちの社会が前提している時間や空間のあり方をまるごと相対化するという意味で、危険で破壊的なものと見ることもできます。けれども樋口さんはそのゆらぎを通じて、認知症の高齢者が、何十年も前の自分にもどって仕事に行こうとしたり、子供を迎えに行こうとしたりすることを「想像していたよりも自然なこと」ととらえるに至っています。

私が共同研究仲間と感じた「勝ちたくなる」衝動は、触覚的な経験を通して、選手という他者の立場にスリップする経験でした。もちろん一流選手の身体運動を、そのまま味わうことはできません。けれどもまったく別のフレームを経験したことが、翻訳という行為の再定義をうながし、さらにはスポーツに対するまったく別のとらえ方へと導いていきました。生き方や行動の指針という意味での倫理には直結しませんが、触覚的な経験が、他者の理解や事象の理解を変えるということを示しています。

第1章で、人と人の違いという意味での多様性よりも、一人の人のなかにある無限の多様性のほうが重要ではないか、と述べました。触覚がその直接性の中に隠し持つ「扉」は、私を、その「状況にとってふさわしくない私」にすらしてしまう可能性を持っています。不埒な触覚の誘いに乗って、あるいはそのそばで誘いに抵抗しながら、状況にとっての異物となった自分と出会うこと。

自分の中にあった異質なものに導かれていくこうした感覚こそ、実は状況に深く分け入り、伝達的でない仕方で他者と出会い、その中に入り込み、持続的に関わっていく、その導き手になりうるのではないか。触覚は道徳的ではないかもしれない。でもそれは確かに、いやだからこそ、倫理的でありうるのです。

注

【序】

1 坂部恵『「ふれる」ことの哲学——人称的世界とその根底』岩波書店、一九八三年、二七頁
2 ノルベルト・エリアス（赤井慧爾ほか訳）『文明化の過程（上）——ヨーロッパ上流階層の風俗の変遷』法政大学出版局、一九七七年、五九頁

【第1章】

1 太田早織「戦後日本の体育科におけるダンスの位置づけに関する研究——特に新体育形成期にみるダンスの教育的意義づけを中心にして」『日本体育大学紀要』39（1）、二〇〇九年、一—一一頁
2 フレーベル（荒井武訳）『人間の教育（上）』岩波文庫、一九六四年、九五—九六頁
3 岡﨑乾二郎『近代芸術の解析　抽象の力』亜紀書房、二〇一八年、三九頁
4 フレーベル、前掲書、九九頁
5 サルトル（松浪信三郎訳）『サルトル全集　第19巻　存在と無——現象学的存在論の試み』人文書院、一九五八年、八六頁
6 アラン・バディウ（長原豊、松本潤一郎訳）『倫理——〈悪〉の意識についての試論』河出書房新社、二〇〇四年、一〇頁
7 同前、七二頁
8 古田徹也『それは私がしたことなのか——行為の哲学入門』新曜社、二〇一三年、二四三頁
9 アンソニー・ウエストン（野矢茂樹、髙村夏輝、法野谷俊哉訳）『ここからはじまる倫理』春秋社、二〇〇四年、一一二—一一三頁
10 ブリュノ・ラトゥール（伊藤嘉高訳）『社会的なものを組み直す——アクターネットワーク理論入門』法政大学出

版局、二〇一九年、一八頁
11 同前、二三頁
12 同前、三八頁
13 ウエストン、前掲書、二一―二二頁

【第2章】

1 プラトン（新海邦治訳）「ソフィスト」『プラトン全集 2』角川書店、一九七四年、二五五頁
2 フォイエルバッハ（船山信一訳）『フォイエルバッハ全集 第二巻――中期哲学論集』福村出版、一九七四年、二〇三頁
3 Georgina Kleege, *More than Meets the Eye: What Blindness Brings to Art*, Oxford University Press, 2018, pp. 14-28 視覚障害者と触覚を結びつける見方もこの時期に生まれた。その可能性と問題点については以下の拙稿を参照。伊藤亜紗「当事者の経験にもとづく視覚障害者の身体論」『美学』68（2）、二〇一七年、一―一二頁
4 コンディヤック『感覚論』第2部5章4節、一七五四年
5 モーリス・メルロ゠ポンティ（滝浦静雄訳）「反省と問いかけ」『見えるものと見えないもの』みすず書房、一九八九年、一九頁
6 與那覇潤『知性は死なない――平成の鬱をこえて』文藝春秋、二〇一八年、Kindle版 No.1609-1613/3968
7 同前、No.1628/3968
8 同前、No.1633/3968
9 テクタイル『触楽入門――はじめて世界に触れるときのように』朝日出版社、二〇一六年、三〇頁
10 同前、三二頁
11 登張正實、小栗浩「ヘルダーとゲーテ――ドイツ・フマニスムスの一系譜」『世界の名著38』（登張正實責任編集）中央公論社、一九七九年、三五頁
12 ヘルダー（登張正實訳）「彫塑」『世界の名著38』（登張正實責任編集）中央公論社、一九七九年、二一七頁
13 同前、二六二頁

14 同前、二六三頁
15 同前、二六三頁
16 同前、二六二頁
17 同前、二一八頁
18 同前、二六四頁（一部、訳を改変）
19 同前、二一四頁
20 坂部恵『「ふれる」ことの哲学――人称的世界とその根底』岩波書店、一九八三年、二六頁
21 同前、二七頁
22 同前、二九頁
23 同前、三四六頁
24 https://mienaisports.com/sports/rugby/
25 https://mienaisports.com/sports/sailing/
26 二〇二〇年五月一日開催、未来の人類研究センター研究会での発言

【第３章】

1 山岸俊男『安心社会から信頼社会へ』中公新書、一九九九年、一九―二〇頁
2 同前、一八頁
3 同前、二二頁
4 和田行男『だいじょうぶ認知症――家族が笑顔で介護するための基礎知識』朝日新書、二〇一四年、一六八頁
5 小国士朗『注文をまちがえる料理店』あさ出版、二〇一七年、七頁
6 http://asaito.com/research/2019/12/post_60.php
7 http://asaito.com/research/2020/03/post_68.php
8 同前
9 同前

【第4章】

1 Charles Goodwin, "Action and embodiment within situated human interaction," *Journal of Pragmatics* 32, 2000, pp. 1489-1522

2 水谷雅彦「伝達・対話・会話——コミュニケーションのメタ自然誌へむけて」『コミュニケーションの自然誌』新曜社、一九九七年、二三頁

3 谷泰「まえがき——なぜコミュニケーションの自然誌か」『コミュニケーションの自然誌』新曜社、一九九七年、vii頁

4 熊谷晋一郎『リハビリの夜』医学書院、二〇〇九年、七四—七五頁

5 同前、七五頁

6 同前、七六頁

7 同前、七六—七八頁

8 村瀬孝生『あきらめる勇気——老いと死に沿う介護』ブリコラージュ、二〇一〇年、一〇—一一頁

9 村瀬孝生『宅老所よりあいの仕事　看取りケアの作法』雲母書房、二〇一一年、二八頁

10 同前、四一頁

11 鷲田清一『「聴く」ことの力——臨床哲学試論』ティービーエス・ブリタニカ、一九九九年、一八九—一九〇頁

12 前田拓也『介助現場の社会学——身体障害者の自立生活と介助者のリアリティ』生活書院、二〇〇九年、六四頁

13 同前、八四頁

14 小倉虫太郎「私は、如何にして〈介助者〉となったか?」『現代思想』一九九八年二月号、青土社、一九〇頁

【第5章】

1 本章におけるバンバンクラブのメンバーへのインタビューは、以下から引用しています。
http://asaito.com/research/2016/09/post_34.php
http://asaito.com/research/2017/07/2.php

【第6章】

1 前田拓也『介助現場の社会学——身体障害者の自立生活と介助者のリアリティ』生活書院、二〇〇九年、八八—八九頁
2 同前、一三二頁
3 同前、一〇五頁
4 坂部恵『「ふれる」ことの哲学——人称的世界とその根底』岩波書店、一九八三年、三八頁
5 同前、三八頁
6 樋口直美『誤作動する脳』医学書院、二〇二〇年、二四二頁
7 同前、一〇一頁
8 同前、二四三頁
9 ヴァルター・ベンヤミン（浅井健二郎編訳、三宅晶子、久保哲司、内村博信、西村龍一訳）『ベンヤミン・コレクション2』ちくま学芸文庫、一九九六年、三八九頁
10 このときの様子については、以下のサイトにレポートが掲載されています。https://mienaisports.com/sports/fencing/
11 https://mienaisports.com/sports/tabletennis-potlid/
12 前田拓也、前掲書、一三五頁

あとがき

幼い頃の幸福な思い出のひとつに、「盗みさわられ」があります。
「盗みさわられ」とはもちろん私の造語です。盗む相手は母。「盗み見」をするように、こっそり、母にさわられるのです。

私の家族は、都心から電車で一時間ほどかかるところに住んでいました。一時間なんて今思えば大した距離ではないのですが、子供にとっては永遠と思われるほどの長旅です。シートに座ってじっと揺れに身をまかせ、空想の世界を三周ほど経めぐる。それでもまだ、道行きの半分にも到達していないのでした。絶望に駆られて「あと何駅？」「あと何駅？」としつこくたずねる私に、父も母もうんざりしたことでしょう。年に数回の都心へのお出かけは、欲しいものが買ってもらえる楽しみであると同時に、座禅にも似た耐えがたい苦行でもありました。

そんなとき、「寝ていいよ」と母がひざや肩を貸してくれました。私はうなずいて大人しく身をまかせます。紙袋のガサガサいう音を耳元に感じながら、狭いシートに身をよじり、必死にきゅっと目をつむる。はあ、いつになったら着くのだろう……。じりじりと苛立つ気持ちを抑えながら、いつしかうとうとと眠りに落ちてしまうのが常でした。

ふと目が覚めると、電車はまだ揺れています。都心を走っているときと、雑木林の残る自宅近くを走っているときでは、音の響き方が違うので、外を見なくてもだいたいどのくらいの地点を走っているかが分かります。まだまだ目的地までは遠い……。音からそう感じ取って、このまま目が覚めては大変だと、必死に眠気にすがりつこうとします。

と、そのとき、母の手が私の体をそっとなでていることに気づきます。それが背中だったのか、頭だったのか、今となっては覚えていないのですが、そのさわり方がどうもふだんとは違うのでした。

母とはよくいろいろな話をしましたが、基本的には子供の好奇心や自立心を大切にするタイプで、ベタベタと甘えるような関係ではありませんでした。それは母個人の教育方針というより、当時としては当たり前の距離感だったようにも思います。「抱き癖がつく」という言い方があって、子供が泣いてもすぐに抱っこしない方がいいという考え方がまだ残っていました。

なので、たとえば風邪をひいてお風呂に入れず、熱いタオルで体を拭いてもらうようなときであっても、拭き方はどちらかというと「ゴシゴシ」という感じでした。病気の私をいたわるというより、汚れをきちんと落とすことに主眼がある、情より科学が勝ったような拭き方だったのです。

ところが、電車の中で感じた母の手は、ほとんど無意識的な、柔らかいさわり心地をひたすら味わうような動き方をしていました。「汚れを落とす」とか「薬を塗る」とかいった目的から解放された、純粋にさわることを楽しんでいる手。私にとって大きな喜びだったのは、母が母自身の快楽のために自分をなでているように感じられたことでした。お母さんにとって、自分はさわりたくなる存在なんだ！　その動きが無意識的であればあるほど、母の手は自分という存在をまるごと肯定してくれているような感じがしました。

私はそのときたぶん小学校低学年くらいで、本心ではまだまだ甘えたい年頃だったのかもしれません。ああ、ずっとずっとなでていてほしいな。夢か現《うつつ》かのぼんやりとした頭で、私は必死に祈っていました。

そのために私ができることはただ一つ、「寝たフリ」をすることです。母の手の動きは無意識的なものなので、私が目を覚ましたら、きっといつもの距離のある関係に戻ってしまうことでしょう。母に気づかれないように息を殺し、目をつむってじっとさわられるがままになっていました。この子は寝ているこの子は寝ているこの子は寝ている……。そんなふうにして幼い私は、私の知らない母の一面に「盗みさわられ」ていたのでした。

触覚の話をすると、多くの人がこれまで誰にも話したことのないエピソードを語りはじめます。義理の親を介護することになったときのとまどい。人に足つぼマッサージをしてあげたときの自分の体も元気になる感覚。小学校の頃、手のひらに汗をかきやすくプリントがやぶけてしまったときの恥ずかしさ。「手に歴史あり」と言いたくなるような豊かな記憶が、その小さな面には蓄積されているようです。

私自身、本書を書きながらさまざまな記憶がよみがえる経験をしていました。「盗みさわられ」のような幸福な記憶もあれば、もちろんあまり思い出したくない記憶もあります。書きながら、書いていることとは無関係に心をかき乱されるという、不思議な執筆経験をしました。

触覚の記憶が心をかき乱すのは、それが写真にも映像にも残らない主観的な記憶であり、それゆえ圧倒的なリアリティを保ち続けるからなのでしょう。決して何にも置き換えられることのない、永遠に不可侵の生々しい記憶。そして、その圧倒的なリアリティの中に、当時の人間関係や感情が、時を経て全く古びることなく、真空パックされています。

その記憶は、どこまでも繊細で複雑です。本書では、議論を分かりやすくするために、さまざまな要素を図式化して論じました。しかし、実際の接触の経験は、その図式をはるかに超える豊かさを持っています。私の「盗みさわられ」だって、通常は物に対して使われる「さわる」にこそ、「ふれる」を超えた、母の真意を読み取ろうとしていました。そうとうねじれています。

本書を読んでくださったみなさんの手やその他の部位に、亡霊のようにさまざまな触覚の記憶が蘇っていったとしたら、それは著者にとってこれ以上ない喜びです。そしてそのリアリティの中で他者との関わりについて思いを馳せていただけたとしたら、まさにそれは「倫理」への考察に通じる道です。

＊

本書を完成させるうえで、たくさんの方のお力添えをいただきました。

まずは、触覚の世界に興味を持つきっかけを作ってくださったバンバンクラブのみなさん。あの長時間にわたる「勉強会」がなければ、本書の構想は生まれることはありませんでした。

加えて、研究のもとになったインタビューに応じてくださったみなさんや、共同研究させていただいているNTTコミュニケーション科学基礎研究所の渡邊淳司さん、同サービスエボリューション研究所の林阿希子さん。本書を通じて触覚の問題を頭でなく体で考えることができたのは、みなさんがいてくれたおかげでした。

また、本書の構想を練る段階で、長崎大学の高橋浩二さんに重要な示唆をいただきました。

そして編集を担当してくださった講談社学芸クリエイトの林辺光慶さん。林辺さんから最初にメールをいただいたのは二〇一六年の三月で、結局あれから四年半もお待たせすることとなってしまいました。ベテランの林辺さんは、常に大局を見通す目利きとしての鋭さをお持ちである一方、面白いと思ったことには素直にぱあっと目を輝かせてくださる少年のような方でもありました。インターネットで最新情報を追いかけるようなことは絶対にされないのに、お会いするといつもフレッシュでみずみずしい気持ちになり、不思議と書く力が湧いてきました。

私の大らかすぎる原稿を細かく確認してくださった、講談社の校閲担当の方、そして本書の装丁デザインを担当してくださった奥定泰之さんにも大変お世話になりました。

最後にカバーの絵を提供してくださった黒坂祐さん。黒坂さんは色覚障害という特性をお持ちのペインターで、今年の一月に、銭湯を改装したギャラリーでお話をうかがう機会がありました。黒坂さんの絵の中では、一般的には色が担うような効果を、線の震えや質感の違いといった色以外の要素が担っています。体に直接ガーゼを当てられたようなあたたかさがありながら、どこか人を食ったようなとぼけ感もある黒坂さんの絵を、いつか自分の本に使いたいなと思っていました。

それ以外にも、ここにお名前をあげきれないほど多くの方のご尽力、そして無数の観察やひらめきに触発されて、本書はうまれました。記して、ここに感謝申し上げます。

二〇二〇年八月

伊藤亜紗

＊黒坂祐さんインタビュー

http://asaito.com/research/2020/03/post_67.php

伊藤亜紗（いとう・あさ）
東京工業大学科学技術創成研究院未来の人類研究センター長、リベラルアーツ研究教育院教授。専門は美学、現代アート。東京大学大学院人文社会系研究科美学芸術学専門分野博士課程修了（文学博士）。
主な著書に『ヴァレリー　芸術と身体の哲学』（講談社学術文庫）、『目の見えない人は世界をどう見ているのか』（光文社）、『目の見えないアスリートの身体論』（潮出版社）、『どもる体』（医学書院）、『記憶する体』（春秋社）などがある。

手《て》の倫《りん》理《り》

二〇二〇年一〇月 九日 第 一 刷発行
二〇二四年 六月一四日 第一四刷発行

著者 伊《い》藤《とう》亜《あ》紗《さ》

発行者 森田浩章
発行所 株式会社 講談社
東京都文京区音羽二丁目一二―二一 〒一一二―八〇〇一
電話 (編集) 〇三―五三九五―三五一二
(販売) 〇三―五三九五―五八一七
(業務) 〇三―五三九五―三六一五

KODANSHA

装幀者 奥定泰之
本文データ制作 講談社デジタル製作
本文印刷 信毎書籍印刷株式会社
カバー・表紙印刷 半七写真印刷工業株式会社
製本所 大口製本印刷株式会社

ISBN978-4-06-521353-7 Printed in Japan N.D.C.150 216p 19cm

講談社選書メチエの再出発に際して

講談社選書メチエの創刊は冷戦終結後まもない一九九四年のことである。長く続いた東西対立の終わりはついに世界に平和をもたらすかに思われたが、その期待はすぐに裏切られた。超大国による新たな戦争、吹き荒れる民族主義の嵐……世界は向かうべき道を見失った。そのような時代の中で、書物のもたらす知識が一人一人の指針となることを願って、本選書は刊行された。

それから二五年、世界はさらに大きく変わった。特に知識をめぐる環境は世界史的な変化をこうむったとすら言える。インターネットによる情報化革命は、知識の徹底的な民主化を推し進めた。誰もがどこでも自由に知識を入手でき、自由に知識を発信できる。それは、冷戦終結後に抱いた期待を裏切られた私たちのもとに差した一条の光明でもあった。

その光明は今も消え去ってはいない。しかし、私たちは同時に、知識の民主化が知識の失墜をも生み出すという逆説を生きている。堅く揺るぎない知識も消費されるだけの不確かな情報に埋もれることを余儀なくされ、不確かな情報が人々の憎悪をかき立てる時代が今、訪れている。

この不確かな時代、不確かさが憎悪を生み出す時代にあって必要なのは、一人一人が堅く揺るぎない知識を得、生きていくための道標を得ることである。

フランス語の「メチエ」という言葉は、人が生きていくために必要とする職、経験によって身につけられる技術を意味する。選書メチエは、読者が磨き上げられた経験のもとに紡ぎ出される思索に触れ、生きるための技術と知識を手に入れる機会を提供することを目指している。万人にそのような機会が提供されたとき初めて、知識は真に民主化され、憎悪を乗り越える平和への道が拓けると私たちは固く信ずる。

この宣言をもって、講談社選書メチエ再出発の辞とするものである。

二〇一九年二月　　野間省伸

「民都」大阪対「帝都」東京　原　武史
喧嘩両成敗の誕生　清水克行
日本軍のインテリジェンス　小谷　賢
近代日本の右翼思想　片山杜秀
アイヌの歴史　瀬川拓郎
本居宣長『古事記伝』を読むI〜IV　神野志隆光
アイヌの世界　瀬川拓郎
戦国大名の「外交」　丸島和洋
町村合併から生まれた日本近代　松沢裕作
源実朝　坂井孝一
満蒙　麻田雅文
〈階級〉の日本近代史　坂野潤治
原敬（上・下）　伊藤之雄
大江戸商い白書　山室恭子
戦国大名論　村井良介
〈お受験〉の歴史学　小針　誠
福沢諭吉の朝鮮　月脚達彦

帝国議会　村瀬信一
「怪異」の政治社会学　高谷知佳
大東亜共栄圏　河西晃祐
永田鉄山軍事戦略論集　川田　稔編・解説
享徳の乱　峰岸純夫
大正＝歴史の踊り場とは何か　鷲田清一編
近代日本の中国観　岡本隆司
昭和・平成精神史　磯前順一
叱られ、愛され、大相撲！　胎中千鶴
武士論　五味文彦
鷹将軍と鶴の味噌汁　菅　豊
戦国日本の生態系《エコシステム》　高木久史
日本人の愛したお菓子たち　吉田菊次郎
国鉄史　鈴木勇一郎
神武天皇の歴史学　外池　昇

講談社選書メチエ　世界史

MÉTIER

英国ユダヤ人　佐藤唯行
オスマンvs.ヨーロッパ　新井政美
ポル・ポト〈革命〉史　山田　寛
世界のなかの日清韓関係史　岡本隆司
アーリア人　青木　健
ハプスブルクとオスマン帝国　河野　淳
「三国志」の政治と思想　渡邉義浩
海洋帝国興隆史　玉木俊明
軍人皇帝のローマ　井上文則
世界史の図式　岩崎育夫
ロシアあるいは対立の亡霊　乗松亨平
都市の起源　小泉龍人
英語の帝国　平田雅博
アメリカ　異形の制度空間　西谷　修
ジャズ・アンバサダーズ　齋藤嘉臣
モンゴル帝国誕生　白石典之
〈海賊〉の大英帝国　薩摩真介

フランス史　ギヨーム・ド・ベルティエ・ド・ソヴィニー　鹿島　茂監訳／楠瀬正浩訳
地中海の十字路＝シチリアの歴史　藤澤房俊
月下の犯罪　サーシャ・バッチャーニ　伊東信宏訳
シルクロード世界史　森安孝夫
黄禍論　廣部　泉
イスラエルの起源　鶴見太郎
近代アジアの啓蒙思想家　岩崎育夫
銭躍る東シナ海　大田由紀夫
スパルタを夢見た第三帝国　曽田長人
メランコリーの文化史　谷川多佳子
アトランティス＝ムーの系譜学　庄子大亮
中国パンダ外交史　家永真幸
越境の中国史　菊池秀明
中華を生んだ遊牧民　松下憲一
戦国日本を見た中国人　上田　信
地中海世界の歴史①　神々のささやく世界　本村凌二
地中海世界の歴史②　沈黙する神々の帝国　本村凌二